人力资源社会保障部社会保障能力建设中心职业技能"标准化规范化"示范培训系列教材
家庭服务类职业技能培训——家政企业经营管理

家政企业经营管理者培训教程

全国妇联妇女发展部
人力资源社会保障部社会保障能力建设中心   联合推出

全国家政服务标准化技术委员会秘书处   组织编写

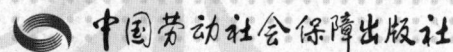

内容提要

本书以培养家政企业经营管理者所需的职业能力为重点。学习本书可全面了解家政服务业现状及发展方向，系统掌握家政服务组织机构开办、员工培训和管理、业务管理、财务税务管理、安全管理、营销管理、标准化与信息化管理以及企业文化打造等方面的内容与方法。

本书内容丰富、逻辑清晰、理论联系实际、文字通俗易懂，具有较强的系统性、指导性和可操作性，既可作为家政企业投资人和管理人员的案头读物，又可作为大中专院校和家政企业的专业培训教材，还可作为有志于成为家政企业经营管理者的个人自我提升的读本。

图书在版编目（CIP）数据

家政企业经营管理者培训教程／全国家政服务标准化技术委员会秘书处组织编写． ――北京：中国劳动社会保障出版社，2024． ―― ISBN 978－7－5167－6062－8

Ⅰ.F719.9

中国国家版本馆 CIP 数据核字第 2024GX3296 号

中国劳动社会保障出版社出版发行

（北京市惠新东街1号　邮政编码：100029）

＊

北京昌联印刷有限公司印刷装订　　新华书店经销
787 毫米×1092 毫米　16 开本　7.5 印张　137 千字
2024 年 12 月第 1 版　2024 年 12 月第 1 次印刷
定价：26.00 元

营销中心电话：400－606－6496
出版社网址：https://www.class.com.cn

版权专有　　侵权必究

如有印装差错，请与本社联系调换：(010) 81211666
我社将与版权执法机关配合，大力打击盗印、销售和使用盗版图书活动，敬请广大读者协助举报，经查实将给予举报者奖励。
举报电话：(010) 64954652

本书编写人员

主　　编：卓长立　济南阳光大姐服务有限责任公司
副主编：秦瑞芳　人力资源社会保障部社会保障能力建设中心
　　　　　张先民　中国老教授协会
　　　　　张　霁　中华女子学院
　　　　　周柏林　中国老教授协会
编　者（按姓氏笔画排序）：
　　　　　王莫辞　山东阳光大姐教育发展集团有限公司
　　　　　王德强　河北师范大学
　　　　　艾雨兵　宁波卫生职业技术学院
　　　　　朱晓卓　宁波卫生职业技术学院
　　　　　苏　锋　山东省公共就业和人才服务中心
　　　　　李春晖　河北师范大学
　　　　　陈　平　济南阳光大姐服务有限责任公司
　　　　　周珏珉　上海巾帼社会服务有限公司
　　　　　顾爱平　济南阳光大姐服务有限责任公司济宁分公司
　　　　　高玉芝　济南阳光大姐服务有限责任公司
　　　　　葛　杨　聊城大学东昌学院
　　　　　熊筱燕　南京师范大学
　　　　　薛书敏　聊城大学东昌学院

家政企业经营管理者是专门从事家政企业运营和管理的人才。我们一直致力于编写一本系统、专业、适合家政企业经营管理者的教材,并一直为此积累经验、准备材料。2021年全国妇联妇女发展部将家政企业经营管理者教材编写工作列入课题计划,此事正式提上日程。在多位专家学者和多家家政企业的共同努力下,这本《家政企业经营管理者培训教程》终于与大家见面了。

这是一本专门为家政企业经营管理者编写的入门级教材,它汇集了阳光大姐等家政企业在家政企业经营管理领域多年的探索和实践经验,也汇集了多所大中专院校在家政服务领域的理论研究成果,内容几乎涵盖了当前国内家政企业发展与运营的所有要素。

家政企业经营管理者是近年来兴起并逐渐为大家所熟悉的一个新兴岗位,也是对从事家政服务业或相关行业高级管理者的统称。家政服务业是一个比较特殊的行业,很多家政企业的投资人本身就是企业的运营者和管理者,所以本书所说的家政企业经营管理者既包括家政职业经理人,也包括参与家政企业经营管理的投资人。

家政企业经营管理者的主要职责是运营和管理好家政企业,同时打造企业文化和经营管理制度,为企业培养优秀的员工和管理团队,使企业资产保值、增值,进而使企业实现长远发展。

为什么要培训家政企业经营管理者?首先是因为家政服务这个领域太"大",家政企业几乎涉及了与家政服务相关的所有服务内容,要想将这些服务内容通过规范化、标准化、系统化的运营更好地提供给客户,家政企业经营管理者需要系统学习。其次是因为家政服务这个领域太"杂",目前个体工商户和小微企业居多,有规模、有实力的品牌企业较少,相当数量的家政企业经营管理者需要进行"管理启蒙"。最后是因为家政服务这个领域太"精",社会经济的发展和消费者生活水平的提高,要求家政服务业在提质扩容的基础上做到精益求精，精准对焦客户需求，家政企业经营管理者只有做到职业、专业、思维敏捷、反应迅速，才能以"变"应"变"，推进家政服务业提质扩容，规范化、高质量发展，以更好地满足人民群众日益增长的美好生活需要。

从当前我国社会经济发展现状来看，家政服务业已经成为改善民生、吸纳就业、促进消费、拉动内需的重要力量，发展前景可观。家政服务的内容日益丰富，家政企业的管理日益规范，但制约家政企业发展的问题很突出，如从业人数不足，从业人员年龄偏大、文化程度偏低，专业管理人才紧缺等，导致企业综合管理水平偏低。本书以《国务院办公厅关于促进家政服务业提质扩容的意见》（国办发〔2019〕30号）为依据，旨在让有知识、有文化的年轻从业者和优秀管理人员走进家政企业，在提质扩容的道路上真正做到"质"与"量"的平衡，"扩容"与"提质"的兼容。

教材中难免存在偏颇不足之处，恳请不吝赐正。

全国家政服务标准化技术委员会秘书长　卓长立

第一章 家政服务业

第一节 家政服务业基础知识 ·· 1
第二节 我国当代家政服务业发展概述 ·· 3
第三节 国外当代家政服务业发展概述 ·· 7

第二章 家政服务组织机构

第一节 家政服务组织机构的分类 ·· 15
第二节 家政企业的经营模式 ·· 17
第三节 家政服务业的经营业态与服务内容 ································· 23

第三章 家政企业经营管理者岗位认知

第一节 家政企业经营管理者的职业要求 ···································· 32
第二节 家政企业经营管理者的自我管理和团队管理 ····················· 36
第三节 家政企业经营管理者的目标管理与绩效考核实施 ··············· 43

第四节　家政门店店长·· 48

第四章　家政企业的管理和运营

第一节　家政企业的开办·· 60
第二节　员工的培训和管理·· 64
第三节　家政服务的业务管理·· 68
第四节　管理流程制定原则和管理制度落实方法·· 72
第五节　家政企业的财务管理·· 74
第六节　安全管理、投诉管理和风险防控·· 78
第七节　营销管理·· 82
第八节　会议和内部沟通·· 84
第九节　标准化与信息化管理·· 86

第五章　企业文化、品牌建设和企业家精神

第一节　企业文化的内涵与企业文化建设·· 90
第二节　企业的品牌建设·· 96
第三节　弘扬当代企业家精神·· 102

第六章　家政服务业的发展趋势

第一节　产业生态变化引发转型升级下的发展机遇······································ 105
第二节　信息化和数字化发展趋势带来的影响·· 106
第三节　家政培训与职业教育的融合·· 110

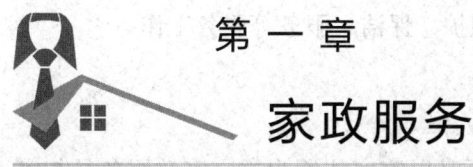

第一章 家政服务业

第一节 家政服务业基础知识

一、家政服务业的定义

家政服务业是指以家庭为服务对象,由专业人员进入家庭成员住所提供或以固定场所集中提供对孕产妇、婴幼儿、老人、病人、残疾人等的照护以及保洁、烹饪等有偿服务,满足家庭生活照料需求的服务行业。《国务院关于印发〈服务业发展"十二五"规划〉的通知》(国发〔2012〕62号)将家庭服务业归类于生活性服务业。

随着社会经济的发展进步和人民生活水平的不断提高,家政服务业不断细分。家政服务项目不再仅限于保姆、月嫂、保洁、搬家等,还包括家庭管理(管家)、入户陪聊、家庭理财、家庭保健、陪同购物、整理收纳、居室美化、陪诊等。家政服务的实施主体是家政服务公司、社区机构、民非组织或专业家政服务员。

家政服务业的存在对于改善民生、促进家庭和谐、提高家庭生活质量、促进就业与再就业、推动经济社会发展都具有重要意义,它的发展是市场经济逐步走向成熟、社会文明不断进步的标志。

二、家政服务业的特点

1. 私密性

家政服务场所一般在客户家里,所以家政服务会涉及家庭及其成员的隐私,具有极强的私密性。

2. 实操性

家政服务工作绝大多数是家务劳动，这就要求家政服务员动手能力强，熟练掌握家务操作的基本技能，能够高效、有序地完成照护、保洁、服务等服务工作。

3. 接触性

由于家政服务的对象主要是人，其工作场所又以家庭住所为主，家政服务员与家庭成员接触时间长，接触频次高。

4. 人力资源密集性

家政服务业从业人员多，覆盖范围广，具有很高的人力资源密集性。

5. 个性化

不同家庭、不同服务对象的需求不同，家政服务业既强调标准化服务，又重视个性化服务。

三、概念辨析

1. 家政

家政是指人们对家庭生活中的各种要素、各种事务、各种关系进行统筹安排和管理的活动。对家政最基本的理解是对家庭事务进行管理，当家政被细分并市场化之后，它便从自己服务于自己家庭的自我管理行为变成了个人或机构服务于他人家庭的职业化社会服务行为。2000年，"家庭服务员"被认定为职业，这标志着"家政服务职业化"时代的来临。

2. 家政服务业

家政服务业是家政服务市场化、职业化、社会化的结果，既涉及家政从业机构、从业人员、客户，也涉及家政人才培养机构和其他利益相关方，相关各方从经济效益和社会效益角度参与进来便形成家政服务的产业链。家政服务业起源于家庭需求和社会分工，也将随着社会进步和家庭需求的提升而不断提质、成长、壮大。

3. 家政学

我国当代家政服务业起步于20世纪80年代，进入21世纪后有了长足的发展，取得了明显的进步，但同时也暴露出高质量家政服务员人数不足、现代家政服务管理人才奇缺、对行业的理论研究缺失等问题。在国家政策的引导和市场需求的催生下，"家政学"作为一门专门研究家政的学科诞生了。

关于家政学的定义，随着人类社会家庭生活水平的提高，其涵盖的内容也在不断发生变化，学术界一直对其进行着研究和讨论。

综合各家观点，家政学可以认为是一门以人类家庭生活为主要研究对象，指导人们提高家庭物质生活、文化生活、情感伦理生活质量的综合性应用学科。

家庭与家政、家庭服务与家政服务、家政行业与家政产业等内容皆属于家政学的研究范畴。秉承人文关怀的理念，当人民群众日益丰富的家庭生活需要与家政服务业发展不充分之间的矛盾日益突出时，家政服务业的发展便需要得到家政学理论研究和院校教育的引领与支撑。家政学的发展有助于养成健康的生活方式，提升家政服务品质，强化家庭科学化管理，增进社会和谐稳定，促进家政服务业的持续健康发展。当前，构建具有中国特色的家政学学科已经成为亟待解决的时代课题。

第二节 我国当代家政服务业发展概述

一、我国当代家政服务业的发展阶段

家政服务业作为一个新兴产业是伴随社会经济的发展、社会分工的细化及人们物质文化需求的日益增长而产生的。我国当代家政服务业先后经历了三个发展阶段。

第一阶段（1983—2009年）。自1983年北京市妇联创办我国第一家家政服务机构起，至2009年7月国务院批复同意建立由人力资源社会保障部牵头的"发展家庭服务业促进就业部际联席会议"止。该阶段的主要特点是：家务劳动逐步社会化，家务劳动创造的社会价值逐步被认可，家庭对于家政服务的需求越来越大。这个阶段的家政服务需求相对单一，以一般家务劳动为主。这个时期的家政服务业在吸纳农村富余劳动力就业及国有企业下岗人员就业方面发挥了重要作用。家政服务从家庭内部事务逐步转变为社会化服务，是我国当代家政服务业的初步形成阶段。

第二阶段（2009—2019年）。自2009年7月国务院批复同意建立由人力资源社会保障部牵头的"发展家庭服务业促成就业部际联席会议"起，至2019年10月国务院批准建立"促进家政服务业提质扩容部际联席会议制度"止。该阶段的主要特点是：为满足家政服务社会化、多样化的需求，家政服务业岗位逐步细化，成为党和政府解

决就业问题的重要抓手，在吸纳劳动力稳定就业方面再次发挥了重要作用。在各级政府部门的指导下，家政服务社会化有序发展，家政服务业逐步走上规范化、职业化发展道路。

第三阶段（2019年至今）。自2019年10月国务院批准建立由发展改革委、商务部牵头的"促进家政服务业提质扩容部际联席会议制度"至今。2019年6月，《国务院办公厅关于促进家政服务业提质扩容的意见》（国办发〔2019〕30号）明确提出，支持院校增设家政服务相关专业，市场导向培育一批产教融合型家政企业，建立健全家政服务法律法规，促进家政服务业与相关产业融合发展，培育家政服务品牌和龙头企业等。各项政策的出台标志着家政服务业从社会化有序发展阶段快速推进至扩大规模与提升质量齐头并进的精细化发展阶段。家政服务业作为我国第三产业的重要组成部分，正逐步成为我国经济社会发展的新动能，成为我国新时代经济发展格局中构建国内国际经济双循环、推进城乡区域协调发展的重要力量。

二、我国家政服务业的发展现状与特点

1. 家政服务业成为扩大就业、拉动内需的渠道

近年来，我国第三产业占GDP的比重逐年增长，当前占比已超50%。第三产业吸纳就业的能力越来越强，其中家政服务业在带动就业方面发挥了重要作用。统计显示，近年来我国家政服务业从业人数逐年增长，从2012年的1 500万人增长到2023年的超3 800万人，年均增长率10%以上，远高于全社会就业人数的年均增长率。家政服务业就业人数在居民生活服务业中名列前茅。2023年我国家政服务市场规模为11 641亿元。

2. 家政服务内容日益丰富，在改善民生方面发挥着积极作用

随着居民生活水平的不断提高，家政服务的内容不断被细分，家政服务向专业化和职业化方向发展。家政服务不仅包括简单的劳务型服务，还包括专家管理型和知识技能型等高端服务，家政服务项目也从传统的母婴护理、照顾老人和病患、居家保洁和烹饪等，拓展出育婴早教、钟点服务、月子护理、维修清洁和高级管家等20多个门类，可见家政服务的种类越来越多，内容越来越丰富。特别是近年来，以家庭保健、家庭园艺、家庭礼仪、家庭理财、家庭教育为代表的高端家政服务市场空间越来越大，标志着家政服务开始由"佣家型"向"智家型"转变，传统家政服务项目有了新的内涵，如照顾婴幼儿的家政服务员不仅需要看护孩子，还需要掌握婴幼儿饮食健康、婴

幼儿行为心理学、教育学等专业知识。服务内容的丰富不仅有助于拓宽就业渠道，增加从业者收入，还提升了家政服务从业人员的职业自豪感和社会认同感。

3. 家政企业管理日益规范，逐步实现信息化管理

随着行业标准的逐步建立和市场的规范化发展，家政服务品牌建设日益成熟，家政服务业在谋求转型升级和提质扩容中深化发展，家政企业管理逐步走向规范。在全国开展的"千户百强"家政企业创建活动中，涌现出一批知名家政服务品牌，如济南"阳光大姐"，该品牌企业实施企业化管理、市场化运作，打造产、学、研、用相结合的"巾帼家政示范园区"；浙江、上海、北京、山东、吉林、辽宁、广西等地也出现了一批具有影响力的龙头企业。

此外，家政服务业还利用电子商务、网络信息技术创新商业模式。家政服务网络平台是为客户及家政从业人员搭建的方便、快捷、精准的掌上对接平台，通过互联网技术运营家政服务业务并进行监督管理。例如，吉林省建立了"96616"家庭服务信息服务热线和网络平台，通过呼叫中心、互联网、广播电视网等信息化渠道，记录家政服务订单签订、服务过程跟踪、服务效果回访等流程，使消费者享受到公开透明、便捷安全、高效标准的服务。

4. 家政产业呼唤家政学专业教育，产教融合成为家政服务业快速发展的重要途径

家政服务业的发展离不开家政学科的发展及人才支撑。高校开展家政相关专业学历教育是从根本上解决家政服务业人才紧缺和从业人员综合素质不高等问题的主要途径，高校家政相关专业建设要以培养家政服务业经营管理人才、高级专业技术人才、研究型人才和应用技能型人才为主要目标，紧密结合市场需求，借鉴国际经验，探索建立我国家政专业人才培养体系。

从产业与专业两者关系上看，产业是专业的基础，需要专业的支撑；专业来源于产业，服务和指导产业发展。高校新设专业是相应产业不断发展的结果，产业为专业的诞生创造了条件。没有产业，就没有专业，没有产业的发展就没有专业的未来。专业是产业发展的推力，专业为产业发展培养人才，推动产业理论创新、管理服务模式变革，专业的前沿理论研究成果可能会引领产业创新发展。

在很多发达国家中，家政学科被认为是社会健康发展不可或缺的一门综合应用型学科。美国90%的中学、1/3的四年制大学、绝大部分社区学院和职业技术学院开设家政学专业或课程，而且美国拥有家政学硕士、博士等学位，家政学已涉及社会、经济、环境、资源、生态等各个方面。

【知识链接】
我国家政教育发展改革相关知识

我国家政教育始于1904年清政府颁布的《奏定学堂章程》与《奏定女子学堂章程》。新中国成立之后，家政学作为一门独立学科，其发展曾处于停滞状态，直到20世纪80年代，伴随着市场经济的发展，家务劳动社会化需求日益增长，一些地方的大中专学校相继开设烹饪、缝纫、服装设计、托幼、家庭服务等课程。1985年，河南省妇女干校开办"女子家政班"。1988年2月，武汉成立"武汉现代家政专修学校"，开设家庭伦理学、家政学、家庭社会学、心理保健等课程，家政专业教育在中国翻开了崭新的一页。2003年，吉林农业大学家政学专业本科正式招生，这是我国高校第一个家政学专业本科学历教育。2020年，河北师范大学家政学专业硕士开始招生。

三、当前我国家政服务业发展面临的问题

1. 供需矛盾突出，从业者年龄偏大

当前我国家政服务业发展存在供给和需求不匹配的问题。一方面，家政服务需求较大。根据商务部公布的数字，2024年我国家政服务从业人员实际需求超过5 000万人。随着人口老龄化程度的不断加深和家庭结构的不断变化，家政服务从业人员需求量将逐年增长，预计到2035年需求量将达到1.4亿人。另一方面，家政服务从业人员供给数量不足。据统计，当前我国家政服务从业人员数量约3 000万人。受家政服务工作劳动强度大、职业偏见等因素影响，城市待业青年和进城务工青年从事家政服务工作的意愿不强，家政服务从业人员多为40岁以上的农村妇女，年龄普遍偏大，整体供给难以满足需求。

2. 家政企业规模化程度低，规范化运营管理水平不高

我国家政企业以小微企业为主，规模化、规范化运营的家政企业占比不到三成。大部分家政企业小而散，运营管理不规范，开拓市场能力和抗风险能力弱，无法为家政服务从业人员提供高质量的业务培训。我国家政企业目前大多采用中介运营模式，企业与服务人员关系不稳定，服务质量和后续跟进难以保证，影响了家政服务业的产业化发展。家政企业整体规模小，赔付能力有限，一旦企业与客户产生纠纷、赔偿、诉讼，难以承担大额赔付和相关责任。即使是部分有一定规模的品牌家政企业，在运营管理方面也多处在初级阶段，离科学、高效、规范的管理还有相当长的距离，管理

者综合素养亟待提高，企业管理制度有待建立健全。

3. 专业人才匮乏，提质扩容任重道远

随着社会经济的发展，家庭对家政服务的需求不断升级，对服务供给质量的要求也越来越高，但目前家政服务从业人员的实际供给水平却相对较低。在我国，接受过家政服务高等教育的从业人员少之又少。2019年，教育部提出，每个省份原则上至少有一所本科高校和若干所职业院校（含技工院校）开设家政服务相关专业，但由于时间较短，目前专业化效果还未显现。虽然少数省份与家政龙头企业已经开始推进产教融合实践，但家政服务从业人员专业化程度低的现状短期内难以改变。一方面，农村适龄妇女数量逐年减少；另一方面，有知识、有文化的年轻从业者和优秀管理人员尚未形成规模，导致家政企业在提质扩容的道路上难以平衡"质"与"量"的关系，提质扩容面临种种困难，任重道远。

第三节　国外当代家政服务业发展概述

本节选取美国、英国、菲律宾三个国家家政服务业发展中有特色的部分进行比较研究，供我国家政服务业发展借鉴。

一、美国当代家政服务业发展概述

1. 基本情况

美国有超过3亿人，约6成家庭需要家政服务员提供服务，家政市场空间巨大。同时，美国地域广阔，区域之间距离较远，家政服务的空间需求非常分散。美国当前处于传统家政企业向互联网型家政企业转型时期，但已经出现比较成熟的家政企业，有的企业甚至已成功上市，资本市场也乐于投资创新型家政企业。美国家政企业呈金字塔形分布，分为三个层级。

第一层为方案提供商。最具代表性的是玛莎·斯图尔特带领的公司，它通过电视或杂志为有家政服务需求的家庭提供解决方案，为家庭介绍相应的家政企业，提供家政服务。

第二层为家政服务平台。美国有不少家政服务平台，其中 Care.com 已于2014年1月上市，成为美国规模最大的家政服务平台，其他如 Homejoy、Handybook 等也已获得多轮投资，商业模式比较成熟，成长性良好。这些平台借助互联网技术，以O2O（即Online To Offline，线上到线下）的模式连接家庭与家政企业，为客户和家政服务员提供高效对接。

第三层为传统家政企业。传统家政企业积累了最原始的服务人员资源，是三个层级中企业数量最多的。传统家政企业在提供家政服务方面发挥过很大的作用，但现在存在模式陈旧、效率低下等问题。随着家政行业信息化转型与家政服务平台的出现，传统家政企业在数量上正逐步缩减。

2. 美国家政O2O实践

美国进行家政O2O实践的主要是平台型家政企业，从Care.com、Homejoy和Handybook三个家政企业的O2O实践来看，虽然服务项目、企业规模有所差异，但都呈现出信息化、规范化、系统化的特点，其O2O实践主要特点可归纳如下。

(1) 整合资源高效匹配。三个家政企业都采用线上服务平台模式，对线下家政服务资源进行信息化整合并在线上平台开放，打破了服务资源与服务需求不对称的线下模式，运用互联网系统进行信息归类、筛选和匹配，在线上用高效的资源配置实现便捷精准的服务对接。

(2) 服务规范化、标准化。Care.com建有专门团队负责审查服务人员相关评论、社会评价等关乎服务安全的多重信息，此外还会为家庭提供合理的考核与面试建议。Homejoy的服务人员需要经过在线申请、电话面试、现场面试、广泛详细的背景调查和一定时间的试用等众多筛选环节，才可能成为正式员工。线上信息透明化驱动了服务的规范化、标准化，而规范化、标准化的服务又保障了服务质量，为企业的规模化扩张奠定了基础。

(3) 线上线下形成闭环。从账户开通、信息搜索、筛选匹配、服务预订，到线下服务、线上支付、服务评论，线上获取服务、线下体验服务，最后服务信息再一次反馈至线上。线上主导信息流，线下重在服务体验，以系统为基础的闭环已经形成。

(4) 盈利模式由单一转向多元。Care.com的盈利模式已经不局限于个人付费服务和商业配对这种传统的佣金模式，它还会通过其他订制增值服务实现营收。目前以中介佣金为主要营收模式的Handybook，还会开展预订与支付软件的服务，未来这也可能成为其新的重要营收模式。

(5) 企业处于快速扩张阶段。在找寻到可复制的模式之后，Care.com与Homejoy都在积极进行扩张，并且都走上了国际化扩张的道路。两家企业目前都不仅覆盖美国市场，还将业务延伸到加拿大市场，并以英国为切入点开始涉足欧洲市场。

综上所述，O2O转型的企业已经显现出强劲势头与竞争优势。传统家政企业正在逐步缩减，基本面临三种选择：自我改革、被收购、被淘汰。除了企业 O2O 实践显现出的竞争优势，资本市场的青睐也从侧面说明了改革的必然性。随着移动互联网技术的普及，信息化、规范化、线上线下融合共通、满足客户各类需求是未来家政企业发展的必然趋势。

3. 美国家政立法

2010 年 11 月 29 日，美国纽约州出台了美国历史上第一个跨越州界、专门保护家政服务员权益的法案——《纽约州家政服务员权利法案》，该法案对家政服务员的最低工资、保险、报税、人权等方面做了详细的规定，在世界范围内得到广泛关注，具有里程碑意义。

该法案通过立法、税收保护家政服务员的合法权利；规定了每小时最低工资、加班费用、保险、带薪休假等；要求雇主为工资高的家政服务员缴纳"保姆税"、失业保险和工伤保险，而医疗保险不是雇主必须缴纳的，需要家政服务员自行购买；鼓励家政服务员讲信用，低收入者可享受退税政策。

二、英国当代家政服务业发展概述

1. 英式管家

（1）英式管家的发展历史和现状

1）起源。英式管家起源于法国，由于在英国完善了服务理念，各方面都烙上了明显的英国印记，因此被冠以"英式"二字。"管家"一词最早来自法语"bouteiller"，原意是"拿酒瓶的人"，就是宫廷或贵族宅邸宴会上的"司酒官"。在欧洲，管家这一职业的历史与贵族一样悠久。

2）巅峰。欧洲中世纪时，英国和法国的王室或世袭贵族、有爵位的名门望族都会雇用管家。管家作为最高级别的家政管理人员和庞大服务团队的领导者，为雇主的生活提供高水平的服务，他们可能是贵族的后裔，也可能是贵族的老师。因为"管家"作为专门职位被引入英国皇室，英国人对管家的职业理念和职责范围按照宫廷礼仪进行了严格规范。维多利亚时期是英式管家的巅峰时期。

3）没落。经历两次世界大战之后，欧洲青壮年劳动力战死沙场众多，廉价而充裕的劳动力市场迅速萎缩，传统的维多利亚式奢华生活难以为继，英式管家的需求量急剧下降。特别是在现代工业大规模发展之时，人们可选择的职业种类和岗位数量迅速增加，英国的高端服务业迅速衰落。20 世纪 80 年代管家成为"过时"的职业。

4）复兴。进入 21 世纪后，英式管家与其他高端服务业一同复兴。国际新贵阶层对英式管家有着强烈需求，他们拥有大量的财富，需要专人管理事务，也希望得到周到和有品质的服务，内心渴望英式管家这个职业身份代表的贵族生活。于是，英式管家慢慢从王侯贵族的宅邸走进了富贵家庭，融入了新理念，服务也不断改良。

如今，管家已演变为精英阶层家庭的重要成员，是重要事项的参谋、生活事项的相关决策者和实施者。当代管家不再是子承父业，更多的年轻人会专程到管家学校接受专业训练，投入管家行列。

(2) 英式管家的基本素养

1）保密，诚实且忠心。世界上第一家国际管家学院院长 Spencer 曾说，当代的管家已经不再是仆人，更像是管理人员，他们不仅要有操持家务的本领，比如知道如何安排菜单和接待客人，还必须会使用计算机，懂财务，有的甚至要知道如何租赁飞机。Spencer 强调，管家最重要的素质是：能替主人保密，诚实且忠心。

2）全天候服务。英式管家负责雇主家庭生活的方方面面，对雇主的服务是全天候的，衣食住行都要负责，只要雇主有需求，随叫随到。英式管家不仅负责安排整个家庭的日常事务，还要担任雇主的私人秘书。

3）极高的综合素养和业务能力。英式管家需要具备极高的自身素质，拥有丰富的生活经验与专业素养。一名接受过专业训练的英式管家，学习过的科目多达数十项，包括急救训练、保安训练、枪支保管训练、正式礼仪训练、雪茄收藏、酒的品鉴、插花、家居饰品的保养、西服及礼服的保养、团队服务演练、人事组织管理等，几乎涵盖生活的方方面面。

(3) 英式管家的工作种类。当代英式管家种类繁多，如装修管家、花艺管家、钟表管家、影像管家、私宴管家、文化管家、园艺管家、健康管家、美酒管家、石材养护管家、安全管家等。管家各司其职，如文化管家的职能就是通过与文化大师一起策划，为高端家庭带来经典的文化陪伴。除了以上种类外，英国还存在一种比较独特的管家——奢侈品管家。因为奢侈品行业包含的范围非常广，从香水、时装、皮具到珠宝、腕表，再到顶级跑车、游艇、私人飞机等，因而细分出专门化的奢侈品管家种类，如名牌包护理管家。现在，英式管家的工作领域已经扩展到会所、酒店类高端服务机构，以及地产、物业管理及其他生活类行业。

2. 诺兰德学院

英国具备比较完备的高等家政教育体系，有专门的家政大学，还在综合性大学里设置了家政学系，设硕士、博士学位，以满足不同层次家政人才培养的需要。2014 年 4 月，英国威廉王子夫妇带着乔治小王子出访新西兰和澳大利亚。小王子的保姆玛丽娅·波拉洛首次露面,她不仅精通社会学、心理学、儿童护理、历史、文学和教育,还可在任何天气情况下驾车高速行驶,安全避开跟踪的记者,并且精通拳道,可以应付潜在的绑架者,可谓全能型的超级保姆,给英国王室成员提供全方位的教育和保护。这位全能型皇家保姆就来自"超级保姆"的摇篮——诺兰德学院。

(1)百年名校,历史悠久。诺兰德学院是一所历史悠久的保姆学校,由幼儿教育先锋艾米莉·沃德创办于1892年,这所学校培养的学生工作能力强,所以该校被誉为"超级保姆"的摇篮、全球保姆界的"哈佛大学"。

诺兰德学院目前开设两个课程,一个是幼儿早期发展与教育荣誉文学学士课程,学制3年。学生完成两学年学习任务后,需要选择一个英国家庭实习一年,才能获得毕业资格。另一个是线上课程,学制两年。诺兰德学院的学费并不便宜,但是学院可为经济困难的学生提供助学金。为了使那些缴不起学费的孩子也能入学,学院的首任院长伊莎贝尔·沙尔曼设立了"沙尔曼奖学金"。申请入学者要先在学校从事一年的勤杂工作,然后再开始两年的幼教专业学习,这样就可以减免50%~100%的学费。诺兰德学院一直以"爱永不消失"为校训。建校百余年来成功培养了超过7 000名世界一流的保姆,一代又一代的毕业生走入高端家庭,成为家政服务行业最专业的代表。不管是皇室贵族、摇滚巨星还是普通的英国家庭都以能够请到一名诺兰德的保姆为骄傲。

(2)校规严格,校风严谨。诺兰德学院的申请制度、校风校规都非常严格。进入诺兰德学院的主页,可以看到申请页面上写着:"优中选优!我们的毕业生,是我校声誉的代言人。我们招收学生不只关注他的背景,更在乎他的能力和潜质。"诺兰德学院在筛选申请者时,会仔细考量每个人的资质。学院不仅会考量他们平时的学业成绩是否合格,也会考虑他们的个人条件,如心理素质是否过硬、是否有爱心、是否适合某一特定专业等。

诺兰德学院严谨的校风从其一百多年来风格大致未变的校服中可见一斑,黑礼帽、黑领结、黑腰带、白手套、黄褐色长裙。诺兰德学院有严谨的校规,学生不准染发,只能化淡妆,耳朵上只准戴耳钉。诺兰德学院对学生职业道德的要求极其严格,保护雇主隐私被认为是行业"天条",学院要求毕业生必须尊重并保护雇主的隐私。

(3)全能教学,注重实践。诺兰德学院对学生的素质要求极高,其目标是把学生培养成全能型保姆。诺兰德学院主要开设幼儿教育和早期儿童研究两个专业,前者侧重于实践,后者则侧重于理论探索。学生不仅要修儿童健康课、护理课,还要学习包括心理学、史学、哲学、社会科学、文学、教育、法律和财务管理等多个学科的内容,毕业之前,要接受急救、困难情景下驾驶、自卫术(以防止儿童被绑架)等培训。诺兰德学院注重在实践中教学和学习,学生上一个星期的课,实习一个星期,上课与实习交替进行，保证他们所学的知识及时在工作中得到实践。

（4）保证品质，备受尊敬。诺兰德学院毕业的学生从来不用发愁找工作，学院颁发的"诺兰德职业资格证书"在全世界通用。不仅如此，只要是从诺兰德学院毕业的学生，学院就会终身负责为其推荐工作。每年从诺兰德学院毕业的学生都能找到工作，除了可从事保姆职业外，还可在培训、咨询、家庭支持等与儿童教育有关的行业中就职。

三、菲律宾当代家政服务业发展概述

1. 菲佣的商业模式分析——家政海外劳务输出

菲律宾是世界上著名的劳务输出大国，其家政服务从业人员更多的不是为本国人服务，而是为全世界的人服务。海外菲律宾人（Overseas Filipinos）是指居住或工作在海外的所有菲律宾务工者。这些海外劳工的汇款是菲律宾政府重要而稳定的收入，也是菲律宾的经济支柱之一。菲律宾曾经是亚洲少有的几个经济发达的国家之一，可到了20世纪70年代，菲律宾经济持续下滑，国内就业十分困难。1974年，当时的菲律宾总统费迪南德·马科斯颁布《劳动法》，鼓励菲律宾人走出国门，外出务工。1978年，菲律宾实施劳务输出招聘机构私有化政策，大批菲律宾妇女外出从事家庭服务工作。菲佣为国家赚回了大量外汇的同时，也为菲律宾树立了良好的国家形象。1992年5月，菲律宾前总统阿基诺夫人称赞道："菲佣是新国家英雄。"

在海外工作的菲律宾劳工中女性多于男性，其中2/3的女性从事家政服务工作。

2. 菲佣发展的三个阶段

菲佣的发展进程大体上可以划分为三个阶段。

第一个阶段是从20世纪初到20世纪40年代末。1907年，美国的《移民法案》扩大了不可入境类的范围。但是，当时菲律宾是美国的殖民地，美国政府给予了菲律宾人"特殊的非公民的国民地位"。这样，菲律宾劳工可以在美国获得其他亚洲人没有的合法工作机会。这些劳工大都在旅馆、饭店和家庭从事服务员、仆人、园丁、司机、厨师等职业，是最早的海外家政服务员。

第二个阶段是从20世纪40年代末到20世纪70年代。1946年菲律宾独立以后，美国不再支持菲律宾劳工赴美就业。于是，一些家政专业人士开始前往加拿大和西欧的一些国家寻找就业机会。

第三个阶段是20世纪70年代至今，这也是菲佣发展的关键阶段。20世纪70年代两次石油危机给菲律宾经济带来沉重打击，国内就业机会丧失，为了生活，菲律宾劳工纷纷走出国门，便出现第三次海外劳工输出的高潮。这一次的数量和规模比前两次大得多，菲律宾政府从此开始将劳务输出上升到国家战略的高度，出台了多项支持措施，以保障他们在海外的生活。菲律宾女性非常具有家庭责任感，为了改善家庭状况，她们和男性一样走出国门，主要从事家庭佣工、饭店服务员等工作。从此，菲佣成了菲律宾劳务输出的重要组成部分，且日益兴盛起来，成为全世界家政服务业的榜样。

3. 菲律宾家政服务业发展的有利因素

（1）人力资源因素。菲律宾是东南亚人力资源大国，充足的人力资源优势为家政服务业发展提供了资源保障。菲律宾女性具有很强的家庭观念，她们外出做工一般是为了改善自己的家庭生活。菲律宾曾是美国的殖民地，因此菲律宾人精通英语，易于与外包国沟通，达成合作。菲律宾采用了美国的教育模式，注重专业能力的培养。另外，菲律宾普通劳动力成本低于亚洲大多数国家，技术人员和白领雇员的薪酬水平也不高。

（2）教育培训因素。家政服务业的发展与家政学专业息息相关。菲律宾的家政教育十分普及，几乎所有的中学和大学都开设有家政课，课程包括生活哲学、家居管理、家庭伦理、家庭教育、家庭保健、人文艺术、食品管理、烹饪制作、手工工艺等领域。"菲佣"能够成为世界品牌与菲律宾良好的家政教育是分不开的。

菲律宾国内登记的家政服务培训中心有 4 000 多个。这些培训中心设置一些专业化、高效能的培训课程，对上岗人员进行岗前培训，主要培训家庭保健、家庭园艺、家庭礼仪、家庭理财、家庭教育等方面的内容，以满足雇主需求，培训后按照统一标准进行考核，考核通过后会颁发"高级家政服务员从业资格证"。实行持证上岗制度，在满足雇主需求的同时，可以增加雇主的信任度，获得社会的认可和尊敬。

（3）文化传统因素。菲律宾人主要信奉天主教，教会在菲律宾的影响力很大。一个信仰天主教的菲律宾人出生就要接受洗礼，还要定期到教堂做礼拜，在学校上课前也要进行集体祷告。菲律宾人实行天主教提倡的"一夫一妻"制，家庭观念强，反对离婚，所以菲律宾是世界上少数没有离婚法的国家之一。菲律宾人对宗教信仰非常虔诚，有很强的家庭责任感，会自觉约束自己的行为。而且，海外菲佣们一般承担着家庭的重任，所以工作很努力。

（4）国家政策因素。菲律宾政府支持家政服务业，高度重视保障海外菲佣的权益。《菲律宾劳工法典》做了很多规定，以保障家庭雇员的权利，为菲佣提供全方位的社会保障。从培训到就业再到福利保障，菲律宾都有完整的法律法规，特别是在福利保障方面，政府设有专门机构提供服务。菲佣遍布海外各地，无须为失业、养老保险、工伤、医疗等问题犯愁。

4. 菲佣的独特优势

菲佣大多接受过良好的职业教育,部分菲佣还持有教师、医师或护士资格证书。在菲律宾,当地人非但不会瞧不起女佣,相反还觉得一个家庭有女性到海外就业是件很光荣的事情。许多受教育程度高的女性愿意出国当家佣贴补家用。菲律宾政府多年来也采取各种有效措施致力于树立"世界家政服务"品牌。如今,菲佣的足迹遍布世界各地,菲佣与英式管家并称为世界家政服务的两大品牌。菲佣的优势主要体现在以下几点。

(1) 具有良好的职业教育背景,技能有保障。菲律宾政府要求有意出国务工的女性必须经过正规职业培训,专门成立了海外劳动就业技术培训中心,在各级行政区域均设有相应的培训机构和管理人员,菲佣通常要在国内接受大约两年的家政服务培训。

(2) 英语水平较高,可以担任家教。由于历史原因,菲律宾有着良好的英语环境,大多数正式场合都使用英语。同时,作为菲律宾官方语言,英语是其教育体系中的一部分。受过良好教育的菲佣,其英语几乎能达到与母语相当的水平。

(3) 服务意识强烈,敬业且负责。菲佣非常认真仔细,尤其是做清洁工作颇为到位。例如,洗车时,菲佣又是涂肥皂,又是打蜡,连轮胎缝都刷洗得干干净净。在垃圾分类方面,菲佣的做法也相当严谨,当雇主没有分类丢弃垃圾时,他们甚至会将垃圾取回重新进行分类。

(4) 社会地位高,素质良好。菲佣大都是中专以上学历,加之国家重视菲佣,所以其社会地位并不低,菲佣中教育、财会等专业毕业的大学生比比皆是。

第二章 家政服务组织机构

第一节 家政服务组织机构的分类

当前,我国从事家政服务的组织机构主要有三种类型。

一、法人企业和非法人企业

目前,我国从事家政服务活动的组织机构绝大多数是法人企业和非法人企业。

法人企业是指取得法人营业执照、具有法人地位的企业。法人企业能够以企业自己的名义独立享有法定权利和承担法定义务。也就是说,法定权利直接归企业而非企业主或投资者享有,同理,法定义务也直接由企业而非企业主或投资者承担。法人企业属于营利性机构。

非法人企业又称企业非法人,是指从事营利性生产经营活动但不具有法人资格的经济组织。非法人企业主要包括个人独资企业、合伙企业、企业的分支机构(分公司、办事处、代表处)等。

无论是法人企业还是非法人企业,都须经工商行政管理机关登记注册后方可合法开展核准的经营业务,有些特种业务还需经过相关行政主管部门进行前置审批之后才能开展。

从事家政服务活动的企业在确定名称时,其行业归属一般为科技、服务、家政服务等。企业的组织形式包括有限公司、有限责任公司、股份有限公司等。

从事家政服务活动的法人企业和非法人企业既可以是民办经济组织,也可以是公有制经济组织,也就是我们通常所说的民营企业和国有企业。随着家政服务业发展的深化,不仅有大量的民营企业从事家政服务经济活动,近年来有一些国有企业也开始投身家政服务产业链。

二、民办非企业单位

当前社会上从事家政服务活动的组织机构中，有一定数量属于民办非企业单位。民办非企业单位是相对于民办经济组织而言的，是指企业事业单位、社会团体和其他社会力量以及公民个人利用非国有资产举办的，从事非营利性社会服务活动的社会组织。民办非企业单位不是企业，更不是经济组织，不是具有企业特性和特点的社会服务组织，它具有民间性、社会性、公益性和非营利性等特性，其行为特征主要体现在以提供社会公共服务产品的公益性为宗旨，以追求最大化的社会效益和主动承担社会责任为目标。

非营利性和公益性是民办非企业单位区别于法人企业的一个基本特征。目前，家政服务业中以养老护理、日间照料、幼儿托育、职业培训等为主要服务内容的家政服务机构大多是以民办非企业单位的组织机构类型出现的。

民办非企业单位的登记管理由国务院民政部门和县级以上地方人民政府的有关部门负责。从事家政服务活动的民办非企业单位的业务主管单位通常是地方民政部门或人力资源社会保障部门。

三、个体工商户

个体工商户是指在法律允许的范围内，依法经核准登记，从事工商经营活动的自然人或者家庭。单个自然人申请个体经营，应当是16周岁以上有劳动能力的自然人。家庭申请个体经营，作为户主的个人应该有经营能力。个体工商户享有合法财产权，包括对自己所有的合法财产享有占有、使用、收益和处分的权利，以及依据法律和合同享有各种债权。

个体工商户是个体工商业经济在法律上的表现，具有以下特征。

1. 个体工商户是从事工商业经营的自然人或家庭

自然人以个人为单位，或以家庭为单位从事工商业经营，均为个体工商户。根据法律有关政策，可以申请个体工商户经营的主要是城镇待业青年、社会闲散人员和农村村民。国家机关干部、企事业单位职工，不能申请从事个体工商业经营。

2. 自然人从事个体工商业经营必须依法核准登记

个体工商户的登记机关是县级以上工商行政管理机关。个体工商户经核准登记，取得营业执照后，才可以开始经营。个体工商户转业、合并、变更登记事项或歇业，也应办理登记手续。

3. 个体工商户只能经营法律、政策允许个体经营的行业

个体工商户的经营活动必须在法律、政策允许的框架内进行，这不仅是对个体工商户自身合法权益的保障，也是维护市场秩序、促进经济健康发展的必然要求。

在依法核准登记的范围内，个体工商户享有从事个体工商业经营的民事权利能力和民事行为能力。个体工商户的正当经营活动受法律保护，对其经营的资产和合法收益，个体工商户享有所有权。个体工商户可以在银行开设账户，向银行申请贷款，有权申请商标专用权，有权签订劳动合同及请帮工、带学徒，还享有起字号、刻印章的权利。

个体工商户从事生产经营活动必须遵守国家法律，且照章纳税，服从工商行政管理。个体工商户从事违法经营活动的，必须承担民事责任和其他法律责任。

家政服务业经营起点相对低，家政服务从业人员通过注册登记个体工商户从事家政服务活动，是一个不错的选择。这种组织机构类型比较适合城镇下岗职工和灵活就业人员。

如果从家政服务产业全链条考察，与从事家政服务活动相关的上下游组织机构还包括各级政府或事业单位开办的科研机构和教学机构，如开设家政学、现代家政服务与管理等专业的大中专院校和一些开展家政产业研究的机构等，这类组织机构一般称为事业单位。有些民办的家政相关专业院校则以法人企业的形式存在。

为叙述方便，后文将各类主要提供家政服务的组织机构统称为家政企业。

第二节　家政企业的经营模式

经营模式是企业根据自身的经营宗旨为实现企业价值定位所采取的某一类方式、方法的总称，其中包括企业为实现价值定位所规定的业务范围，企业在产业链（服务链）的位置，以及在这样的定位下实现价值的方式和方法。由此可以看出，经营模式是企业对市场做出反应的一种范式。

根据经营模式的概念，企业首先要有自己的价值定位。在现有条件下，企业实现价值是通过直接交易还是间接交易，是直接面对消费者还是间接面对消费者，处在产业（服务）链中的不同位置，实现价值定位的方式、方法也不尽相同。

本书根据家政服务员、家政企业、雇主（客户）三者的关系界定，可将我国家政企业的经营模式大致归纳为中介制和员工制两类。

一、中介制

中介制经营模式，是指家政企业处于客户与家政服务员的中间位置，为寻找工作的家政服务员联系客户，为需要家政服务的客户匹配合适的家政服务员，由客户与家政服务员双方签订家政服务雇佣协议或服务合同，家政企业按次收取中介费，服务期间根据约定承担相应的责任。中介制经营模式对家政企业要求比较低，是个体工商户及小微型家政企业普遍选择的经营模式。

中介制模式的核心：家政企业向供求双方提供有价值的、符合双方需求的匹配信息，实现有效服务对接。

1. 中介制经营模式的基本特征

（1）家政企业通常应具有相应的职业介绍资质，在向家政服务员与客户分别提供职业（劳务）介绍服务时，收取双方或单方一定的介绍费用。中介费可以一次性收取，也可以在约定的一定阶段内收取，一般按月工资或单次服务费用的一定百分比收取。

（2）家政服务员不是家政企业的员工，家政服务员与家政企业不签订劳动合同，不存在劳动关系，但家政企业有义务对家政服务员的身份信息（姓名、性别、年龄、籍贯等）、职业技能的真实性和身心健康状况进行详细的了解、审核和评判，并提供给客户作为选聘参考。

（3）家政服务员以灵活就业者身份与客户建立雇佣关系，直接为客户提供家政服务，客户按照约定向家政服务员直接支付服务报酬。

（4）中介制服务合同（协议）有两种方式：第一种是雇佣协议或服务合同，由客户与家政服务员双方签订，对雇佣期间的服务时间、服务地点、服务内容、服务报酬、支付方式等内容进行约定；第二种是三方居间服务协议，由客户、家政服务员和家政企业三方签订，客户是甲方、家政服务员是乙方、家政企业是丙方，丙方只起见证人的作用（协议另行约定的除外），对客户与家政服务员没有管理职能。

三方居间服务协议中，除了要对服务时间、服务地点、服务内容和家政服务员的服务报酬等内容进行约定以外，家政企业有义务提醒、督促消费者（客户）和家政服务员就家政服务员意外伤害险、客户家庭财产险、第三方责任险等家政服务综合保险进行协商和购买。客户和家政服务员在家政企业签订三方居间服务协议。

2. 中介制经营模式的利弊分析

（1）中介制经营模式的优势

1）门槛低。开设家政中介服务企业的门槛较低，对人员和软硬件没有硬性规定。

2）风险小。中介制家政企业在提供居间服务的过程中通常只负责信息匹配和服务对接，对于家政服务过程中出现的各种风险和纠纷几乎不承担任何法律和经济责任，所以经营风险相对较小。

3）投资少。中介制家政企业不需要很大的经营场所、培训场地，不需要价格高昂的设备设施和大量的技术人员，无须大的投入，企业运营成本较低。

4）管理相对简单。中介制家政企业只是为客户和家政服务员牵线搭桥，只负责信息匹配和服务对接，没有介入具体的家政服务过程，所承担的管理职能相对单一，对企业管理水平要求不高。

（2）中介制经营模式的不足

1）不利于建设高素质家政人才队伍。中介制家政企业的主要业务是为家政服务员和客户牵线搭桥，择优匹配信息，多数家政企业只注重短期经济效益，不注重家政服务员的职业技能培训和服务质量提升，也不关心家政服务员的个人成长和职业生涯规划，导致高素质人才不愿投身家政服务业，整个行业的人力资源水平提升难度较大。

2）服务质量得不到有效保障。家政企业往往一签了之、一派了之，企业对家政服务员的从业背景、职业技能、工作经历、家庭情况、心理状态、职业道德素养等缺乏具体和深入的了解，仅凭其提供的简历或口述，很难全面了解真实情况，加之服务过程缺乏监管，后续服务得不到保障，客户只能通过频繁地更换家政服务员来获得相对满意的家政服务。

3）难以有效化解服务风险。家政服务员进入客户家中提供相关人工服务，工作期间与服务对象及其家人接触较多。家政服务员照看小孩、老人过程中的安全风险，客户的财产毁损风险，家政服务员服务过程中的自身安全风险，客户对服务质量的认可风险等，以及这些服务风险引发的服务纠纷甚至诉讼，中介制家政企业都无法有效解决。

4）无法保护雇佣双方的权益。中介制模式下，家政服务员不是家政企业的员工，与企业不签订劳动合同，不存在劳动关系。当家政服务员的权益受到侵害时，他们很难得到家政企业的帮助。同样，客户在接受服务的过程中，如果受到由家政服务员引起的家庭财产损害和家庭成员人身安全伤害，往往举证和投诉都很困难，难以追究责任。

5）无法保障诚信服务。家政服务员并非家政企业的员工，自由度和流动性较大，企业对其缺乏规范管理和有效约束手段，即使家政服务员因服务得不到客户认可而被客户辞退，或者有失信记录、工作劣迹、身体健康等问题，他们也可以轻易地在其他中介制家政企业得到推荐机会而再次上岗工作。

6）企业盈利空间有限，发展潜力不足。虽然中介制家政企业投入成本相对较少，但由于收取的只是每单业务的中介费，盈利规模有限，资本积累能力也就比较弱。加上企业与家政服务员之间没有隶属关系，很难积聚大批高素质的家政服务人力资源为企业创造经济效益。此外，因为企业在服务过程中承担的管理责任有限，对服务质量难以把控，也因此影响了企业口碑，无法为企业发展创造良好的社会效益和经济效益，企业缺乏成长性，难以做大做强。

目前，我国家政服务业尚处于初级发展阶段，中介制经营模式对家政企业要求不高，灵活就业的服务人员可以快捷就业获取收入，服务价格相对较低，客户容易接受，所以中介制依然是家政企业中主流经营模式。

二、员工制

员工制经营模式是指家政企业直接与客户签订服务合同，与家政服务员依法签订劳动合同或服务协议并缴纳社会保险费（已参加城镇职工社会保险或城乡居民社会保险均被认可为缴纳社会保险费），统一安排家政服务员为客户提供服务，直接支付或代发家政服务员不低于当地最低工资标准的劳动报酬，并对家政服务员进行持续的培训管理。

1. 员工制经营模式的基本特征

（1）确定劳动关系。家政企业依法与招用的家政服务员签订劳动合同，按月足额缴纳城镇职工社会保险费；家政服务员不符合签订劳动合同情形的，企业与其签订服务协议，家政服务员也可作为灵活就业人员按规定自愿参加城镇职工社会保险或城乡居民社会保险。

（2）保证服务质量。家政企业对家政服务员进行持续的职业技能培训，以提升家政服务员专业知识和技能，并对其职业技能等级水平进行考核确定，同时对其进行法律法规和职业道德教育、心理健康疏导等。

（3）严格规范管理。家政企业负责岗前、岗中和岗后等全程的服务管理，依据合同约定向客户派遣经沟通选定的家政服务员到达指定场所提供家政服务，并对家政服务过程实施全面的监督管理。家政企业对派出的家政服务员的身份信息、服务技能、服务行为、服务质量等信息有收集、甄别、核实、更新、提供、保密的责任。

（4）稳定服务关系。家政服务员与客户之间不需要签订服务合同，也无直接的经济往来，服务期间出现的任何问题都由家政企业来协调解决。家政企业是客户和家政服务员之间协调沟通的桥梁，有助于建立客户、家政服务员和企业之间稳定和谐的关系。

（5）维护双方权益。员工制经营模式下家政企业建有风险防范机制，能有效处理家政服务过程中客户与家政服务员之间发生的服务纠纷，并承担相应的法律责任，同时维护和保障雇佣双方的合法权益。

2. 员工制经营模式的利弊分析

员工制经营模式有利于促进家政服务业提质扩容，实现高质量发展，能够有效保障家政企业、家政服务员和消费者（客户）三方的权益。

（1）员工制经营模式的优势

1）准入门槛高。员工制家政企业要对每一位家政服务员的信息进行全面而严格的审核查验，并开展岗前培训、回炉培训和提升培训等技能培训，家政企业的人力成本和管理成本大幅增加，准入门槛相对于中介制家政企业而言有很大提高。

2）规范化程度好。员工制家政企业拥有完善的人力资源管理制度、职业技能培训制度、绩效薪酬管理制度、客户关系管理制度、服务质量管理制度、安全风险管控制度、客户投诉处理制度、企业品牌构建和维护制度等，企业经营管理更加便捷高效，能够向市场稳定地输出优质服务，有效提升企业的服务质量与运行效率，有助于企业的健康长远发展。

3）企业凝聚力强。员工制家政企业更注重企业文化建设、人员职业道德养成和职业技能提升，会对家政服务员进行职业生涯规划和重点培养，有助于提高家政服务员的稳定性。家政服务员通过参加企业组织的各类活动，在个人能力、专业水平、薪酬收入等方面得到全面提升，同时企业职业化水平得到提高，企业自身的凝聚力和核心竞争力也得到加强，能够吸引更多的高素质人才进入家政企业。

4）企业成长性好。员工制家政企业往往通过坚持诚信经营、提高员工综合素质、提供优质服务、提升消费者服务满意度、加强全程管理约束、售后服务跟踪管理、风险管控等措施，树立企业良好的社会口碑和企业品牌，来保障良好的服务信誉，使企业保持较好发展态势。

总之，员工制经营模式更加有利于提升家政服务的规范化、职业化水平，促进家政服务业提质扩容和持续健康发展，家政企业逐步采用员工制经营模式将是家政服务业未来发展的必然趋势。

（2）员工制经营模式的不利因素

1）资金投入大。员工制家政企业需要对员工招聘、技能培训、服务质量、风险管控等进行全程管理，要求企业建立完善的管理团队、师资队伍和服务人员队伍，具有符合时代发展的现代化、信息化设施设备以及规模化的经营场所，配备一定规模的培训场地和完备的教学设施设备，如此规模的投资对于大多数中小微型家政企业来说难度较大。

2）运营成本高。员工制家政企业的管理更加规范，业务种类更加齐全。此外，员工管理、客户服务、市场营销、服务回访、投诉处理等各方面都需要大量人力来支撑，企业的精细化管理成本、培训成本、办公设施水电费成本，包括员工薪酬、社会保险成本等，都将随着企业运营而日益增加。

3）管理难度大。员工制家政企业需要对家政服务全过程进行常态化的监督和管理，对企业管理者的能力素质要求较高。家政服务不同于一般的生产经营活动，服务人员大多分散在不同的家庭，与服务对象及其家庭成员接触较多，在一个相对比较私密的空间里针对客户个性化、多元化的需求提供服务，家政企业难以对其进行集中管理。

4）企业人才紧缺。家政服务业是在社会经济转型时期发展起来的新兴行业，目前行业人才短缺，从业人员整体年龄偏大，特别是具有全面的企业经营管理能力和互联网应用能力的人才缺失严重。

表2-1为员工制和中介制经营模式差异对比。

表2-1　　　　　　员工制和中介制经营模式差异对比

序号	比较项	员工制	中介制
1	家政服务员/员工与企业的关系	家政服务员/员工与企业签订劳动合同或服务协议，建立劳动关系	家政服务员与企业不签订劳动合同，不存在劳动关系
2	与雇主的关系	企业与雇主签订服务合同	家政服务员与雇主签订雇佣双方协议，或雇主、家政服务员、家政企业签订三方居间协议
3	社会保险/商业保险	企业为家政服务员/员工缴纳社会保险	企业、家政服务员、雇主三方协商后，由一方出资为家政服务员缴纳社会保险或购买相关商业保险
4	薪酬发放	企业向家政服务员/员工按月发放工资	由客户向家政服务员按月或按次给付服务报酬
5	与客户关系	企业派遣家政服务员/员工到客户家中进行服务	企业经过供求信息匹配、牵线推荐，介绍家政服务员到客户家中进行服务
6	收取费用	企业从雇主支付的服务报酬中提留一定比例作为企业的收入	公司收取一次性中介费

续表

序号	比较项	员工制	中介制
7	职业培训	企业负责对家政服务员/员工进行全程的、系统的职业培训	企业根据自身能力有选择性地向家政服务员提供无偿或收费的短期技能培训
8	服务管理	企业对家政服务员/员工及其服务过程进行全程管理	企业不参与服务过程管理
9	责任承担	企业对家政服务员/员工的行为和服务承担相应的经济和法律责任	企业对家政服务员的行为和服务不承担任何经济和法律责任

第三节　家政服务业的经营业态与服务内容

经营业态是企业经营方式和经营形态的总称。经营方式是指直接经营、独资经营、股份合作经营、租赁承包经营等经营形式，经营形态是指批发、零售、连锁、网销、直销等具体营销方式。

目前，家政企业从经营形式上区分，大体可以分为两种经营业态，一种是单店或单体经营业态，另一种是连锁经营业态。本节重点讲述后者。

一、家政企业连锁经营

随着家政服务业的快速发展，市场上涌现出许多实力不凡的家政企业。这些家政企业通过创新经营方式将原来的单店经营发展为连锁经营，并迅速将业务拓展到全国。一些家政企业的连锁经营门店已达数百家，实现了跨区域规模化发展。它们将分散的家政经营主体组织起来，形成规模优势，统一服务标准，统一管理监督，能更好地保障服务质量和售后服务，增强消费者（客户）的体验感和信任度。

1. 家政企业连锁经营的主要形式

家政企业连锁经营主要有直营连锁、加盟连锁和自由连锁三种形式。

（1）直营连锁。直营连锁指家政企业总部直接投资或控股经营家政服务连锁店。这种连锁形态非常利于统一管理和经营，部分大型家政企业倾向于采取此形式来发展壮大自己的企业。

（2）加盟连锁。加盟连锁指由拥有技术、产品、人才、品牌和管理经验的家政企业总部向加盟店提供服务品牌、管理经验、技术力量等方面的帮助和指导，加盟店与企业总部保持服务品牌、管理运营方式、服务标准、技能培训等的统一，借助企业的品牌影响力、服务信誉度、成熟的运营模式和发展经验最大限度地节约时间和成本，有效规避运营风险，实现快速便捷发展。

（3）自由连锁。通常情况下，自由连锁的家政门店是原本存在的，而非开店伊始由家政企业总部辅导创立的，所以它在名称上有别于直营连锁店或加盟连锁店，保留了原名称和品牌元素。

2. 家政企业连锁经营的主要特征

（1）直营连锁的主要特征

1）以企业总部为核心，按照总部的经营计划和管理模式进行运作，经营步调和运作模式与总部高度一致。

2）所有产品由企业总部负责采购、配送，所有服务由企业总部统一培训，统一标准、统一售后服务。

3）品牌和标识由企业总部进行统一设计和管理。

4）通常情况下，分店管理人员由企业总部统一培训后派遣至分店任职。

5）在相同时间段内采取统一的营销方式和销售策略开展活动。

（2）加盟连锁的主要特征

1）加盟连锁经营中授权人与被授权人的关系是依赖于双方合同而存在和维系的。

2）加盟连锁经营中授权人与被授权人之间不存在有形资产关系，而是相互独立的法律主体，各自独立承担对外的法律责任。

3）授权人对双方合同涉及的授权事项拥有所有权，而被授权人通过合同获得使用权/利用权及基于该使用权/利用权的收益权。

4）加盟连锁经营中的授权是指包括知识产权在内的无形资产使用权/利用权，而非有形资产或其使用权。

5）被授权人有根据双方合同向授权人交纳费用的义务。

6）被授权人应维护授权人在合同中所要求的统一性。

（3）自由连锁的主要特征

1）家政门店间为松散型联合关系，在联合体中保持各自的独立性，只在共同约定的、涉及共同利益的经营活动上按照约定规则进行运作。

2）没有总部，各门店自负盈亏，经营上出现盈亏与联合体中其他机构无关。

3. 连锁经营与传统商业经营的差异

（1）从经营方式上看，连锁经营是资源整合后的规模经营，而传统商业经营是灵活应变的特色经营。

（2）从管理方式上看，连锁经营是以制度和契约为中心的规范管理，传统商业经营是以人为中心的经验管理。

（3）从组织形式上看，网络化的连锁组织可以快速渗透市场，而传统单体门店的市场辐射范围有限。

（4）从管理手段上看，连锁经营可以借助现代信息技术进行精细化管理，而传统商业经营只能依靠手工操作进行粗放式管理。

4. 家政企业连锁经营的优势和风险

（1）家政企业连锁经营的优势

1）授权人（总部）只以品牌、经营管理模式等投入，便可达到规模经营的目的，不仅能在短期内得到回报，而且能使无形资产迅速增值。

2）被授权人（分店）购买的是已获成功的运营系统，可以省去选择项目、研发产品、开拓市场等必要的摸索过程，降低了经营风险。

3）被授权人可以拥有自己的公司，掌握自己的收支，相比于采用其他经营形式，经营启动成本低，可在较短时间内收回投资并实现盈利。被授权人可以在选址、VI设计（视觉识别设计）、员工培训、市场营销等方面得到经验丰富的授权人的帮助和支持，运营可迅速走向良性循环。

4）授权人与被授权人之间不是竞争关系，有利于共同扩大市场份额。

（2）家政企业连锁经营的风险

1）目前家政服务业处于不均衡的发展阶段，行业管理机制还不完善，服务标准体系尚不健全，且很多服务标准未得到有效执行，综合型管理人才大量缺乏，配合连锁经营的现代化管理机制和工具有待完善和创新，连锁经营管理的全套体系还没有经过时间的检验，在此种情况下，准备开展连锁经营的企业总部需要精心筹划、反复论证、谨慎试验、逐步推进，切勿盲目贪大、急速扩张，避免出现情况不明决心大、摊子铺大难收场的结果。

2）目前，一些规模较大并有一定品牌影响力的家政企业和平台型家政企业开始启动连锁经营，有的选择直营连锁，有的选择加盟连锁，还有一些区域性的、中等规模的家政企业选择了自由连锁，以期达到快速占领市场、实现规模化经营的目的。在这种情况下，投资者需要深入调研、精细考察、反复权衡，宜选服务项目全、市场口碑好、管理机制运行平稳成熟、合作费用性价比高、品牌力强的特许经营品牌，采用合适的连锁经营形式，切勿盲目相信别人的宣传和承诺，避免冲动投资。

3）无论是直营连锁、加盟连锁还是自由连锁，各直营店、加盟店、自由连锁店应尽量做到品牌统一、产品统一、标准统一、服务统一、售后统一，采用低成本、高效率、规模化、复制快的运营方式，以免遭遇运营成本陡然增高、销售收益难以回收、内部管理一片混乱等经营困境。

5. 创业者如何开展加盟连锁经营

对于经验不足或资金不太充裕的创业者来说，加盟一家资质好、运营模式成熟的连锁家政企业去开创家政服务业务，应该是不错的选择。在此过程中，加盟考察和风险规避十分重要。

（1）在决定加盟之前，创业者应对拟加盟的家政企业及其现有的直营店、加盟店进行考察，考察事项至少包含9项，见表2-2。

表2-2　　　　　　　　　　加盟前的考察事项

序号	事项类别	具体内容
1	审验其特许经营资质	向连锁家政企业索要并审核其备案资料，进行严格审验
2	准确评估品牌知名度	以专业方法对拟选品牌的知名度进行可量化的评估和评分
3	考察其发展历史	一般来说，连锁家政企业经营时间越长，说明企业越成熟。但这并非绝对的参照标准，一些新兴家政企业同样具有很大的发展潜力
4	考察正在运营的直营店和加盟店	应充分了解其直营店和加盟店的经营状况是否良好，有无稳定营业利润，发展是否具有可持续性等
5	考评其经营管理的组织体系	优秀的连锁家政企业拥有科学合理的组织架构，职能清晰，各连锁店能高效运转，具体可以从以下几个方面进行评价： • 是否具有健全的财务管理体系 • 是否具有完善的人力资源管理机制 • 是否具有优化的运营管理与督导体系 • 是否具有先进、科学、标准化、可复制的产品生产管理和支持体系等
6	是否提供开业支持	一般来说，连锁家政企业总部应提供开业支持，通常包括以下内容： • 协助和指导分店的选址 • 干部配备与人员招募 • 产品定位与地域性产品开发 • 开业前的系统化培训 • 开业前各项准备工作的支持等
7	提供加盟手册	一般来说，连锁家政企业总部应向加盟者提供加盟手册，方便加盟者全面了解情况并做出是否加盟的决策
8	统计加盟店成功率和闭店率	应了解该连锁品牌加盟店的成功率或闭店率，闭店率过高说明该品牌不够成熟，运营不良
9	加盟费用是否合理	考察加盟费用是否合理，最重要的是看投资回报率，可以参照其他加盟店的投资回报率

(2)家政企业或创业者在加盟品牌家政企业时,应详细了解其加盟流程,如图2-1所示。

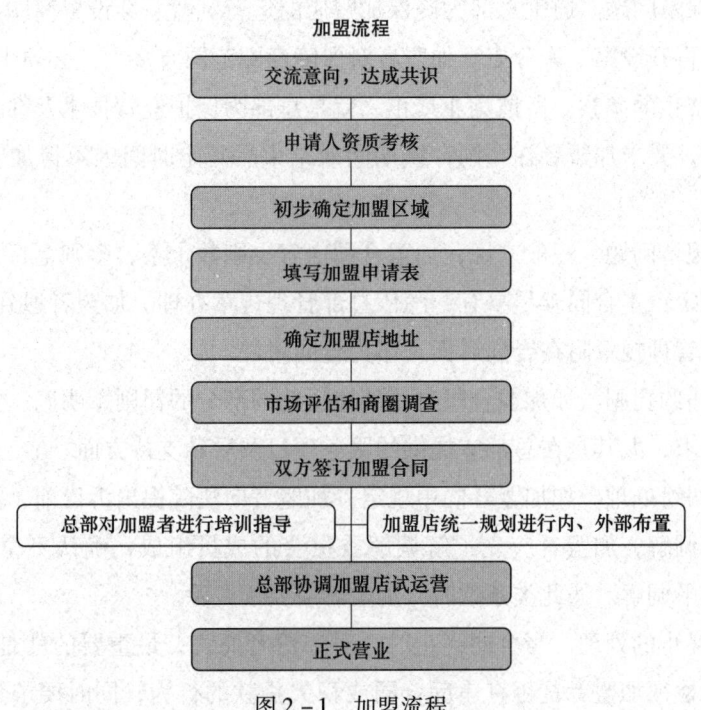

图2-1 加盟流程

新开店和已营业门店的加盟流程略有不同,见表2-3。

表2-3　　　　　　　　不同类型门店加盟流程的区别

阶段	新开店加盟流程	已营业门店加盟流程
阶段一:访谈调研	第一次接触,电话初步交流,当面深度访谈,签订意向协议	同新开店
阶段二:店面准备	选址,租/买店面,门店经理培训	门店经理培训
阶段三:开业准备	签订合同,缴纳加盟费,门店装修,实操型家政服务员培训,风险控制业务培训,新产品培训,发放配置的开业组件	同新开店
阶段四:营业	开张营业	重新开张

(3)加盟者在签订加盟合同之前,一定要深入了解合同内容,确保自身权益。不要以为加盟合同是总部制式范本就不可修改。加盟者不仅要看清内容,更有权利要求修改内容。签订加盟合同的注意事项如下。

1)要求总部出示服务品牌及商标注册证。所谓加盟就是总部将品牌授权给加盟店使用,换句话说,总部必须先拥有这个品牌,才能授权给加盟店。

2)权利金支付方式。一般来说,总部会向加盟者收取三种费用,分别是加盟金、权利金及保证金。加盟金是总部在开店前帮加盟者做整体开店规划、指导选址和装修、进行教育培训等所收取的费用，权利金是加盟店使用总部商标及享用商誉所需支付的费用，保证金是总部为确保加盟者履行合同并准时支付货款等而收取的费用。

3）商圈保障问题。通常总部为确保加盟店的运营利益，会设置商圈保障，即在某个商圈之内不再开设第二家分店。加盟者对保障商圈范围有多大，必须十分清楚。

4）竞业禁止的条款。所谓竞业禁止，就是总部为保护经营技术及知识产权不因开放加盟而外流，要求加盟者在合同存续期间或结束后一定时间内不得加盟与总部业务相同的企业。

5）管理规章问题。一般来说，加盟合同内容少则数十条，多则上百条，通常都会有这样一条规定：本合同未尽事宜，悉依总部管理规章办理。加盟者遇到这样的情形，应要求总部将管理规章附在合同后面，作为合同附件。

6）关于违约罚则。如加盟合同对总部违反合同部分的罚则不明确，加盟者可提出相应的修改要求，尤其是在总部应提供的服务项目及后勤支持方面。

7）关于纠纷处理。如加盟合同中规定，加盟者向法院提出诉讼前，需先经过总部的调解委员会调解，加盟者应先了解调解委员会的成员组成，确认不全是总部人员，避免发生不公平调解。遇此类条款时，加盟者应要求删除。

8）合同终止的处理。当合同终止时，对加盟者而言，最重要的就是取回保证金。此时，总部会检视加盟者是否有违反合同或积欠货款的行为，同时要求加盟者自行拆下招牌，如果一切顺利且无积欠货款，总部会退还保证金；若发生争议，是否拆卸招牌往往会成为双方争执的焦点。如总部自行雇工拆卸招牌，加盟者需视招牌原先是由谁出资来决定如何处理。若由加盟者出资，那么招牌的所有权归加盟者，总部虽然拥有商标所有权，但不能擅自强行拆除，否则就会触犯有关法规，加盟者有权诉诸法律。

9）双方务必各执一份合同文本。加盟合同一旦签署，双方应各自保留至少一份原件，以保障自身权益。

二、家政企业服务类别与服务机构

随着生活品质的提升和社会分工的细化，目前家政服务业涉及的细分领域已包含20多个门类、200多种服务项目。

1. 母婴生活护理服务及其服务机构

现代家庭对于孕妇、产妇、婴儿的照护需求正在由吃好睡好的"基本需求"转向健康环保的"高级追求"，人们已经不再满足于传统的家庭式简单看护，专业的、高质量的、全方位的、科学健康的孕婴照护服务成为新的市场需求。产褥期是妇女产后恢复的关键时期，在这个时期如果能够按照科学的方式好好调理，她们不仅身体可以迅速恢复，原有的疾病也会减轻，能够以更好的健康状态应对做妈妈这一新的挑战。在市场需求、健康理念和现代技术的三维驱动下，当代女性坐月子的方式也在悄然变化，除了原有的家人照料外，越来越多的家庭选择请月嫂进家庭、去月子中心、去母婴医院等新方式。目前社会上提供母婴护理服务的机构大致有以下三类。

（1）妇幼保健医院。妇幼保健医院提供集中服务，在产前和产后约一周的时间里对产妇进行医疗方面的专业化服务，不直接提供较长时期的月子护理服务。

（2）家政服务中心。家政服务中心可提供母婴生活护理服务以及婴幼儿照护服务，派遣家政服务员（月嫂、育儿嫂等）进入服务对象家庭进行一对一的服务。产妇在自己家中坐月子，生活上比较便利，环境也比较熟悉，但相关照护人员目前大多从普通的家政服务员转型而来，职业素养和专业技能参差不齐，加上家庭中的照护设备有限，一般仅能对产妇和婴儿提供简单的生活照护。

（3）母婴护理中心。母婴护理中心，也称月子会所，是提供母婴产后康复护理（坐月子）的专业服务机构，一般由具有丰富管理经验的职业经理人联手母婴行业护理专家共同运营。随着人们经济收入的提升和育儿保健观念的改变，越来越多的人倾向于选择专业的产妇疗养机构度过月子时光。

母婴护理中心可以为产妇和新生儿提供优质科学的护理服务及营养膳食搭配、有机膳食调理、产妇形体恢复、美容瘦身、产后心理疏导和产后抑郁症预防、宝宝智力和身体机能开发以及外派月子护理等服务。

各类母婴生活护理服务机构的具体服务情况见表2-4。

表2-4　　　各类母婴生活护理服务机构的具体服务情况

机构	服务项目	护理人员	护理费用	服务时间
妇幼保健医院	集中护理，围绕生产开展医疗行为	有医疗专业经验	适中或偏高	相对较短，一般为产前、产后各一周
家政服务中心	外派月嫂，以生活照护为主的服务	专业技能相对较低	相对较低	相对较长
母婴护理中心	集中护理、外派护理、医疗咨询、形体恢复、育儿培训等	专业化、高素质、有经验	相对偏高	相对较长，一般26天左右

2. 养老服务及其服务机构

随着人口老龄化程度的加剧，我国人口结构和家庭结构都发生了巨大变化，养老社会化的趋势不可避免。老年人口高龄化程度提高，失能和半失能老人日益增多；随着农村人口向城市迁移等因素的作用，空巢老人、失独老人显著增加。在这样的大背景下,养老护理服务需求呈现多元化的特征,既包括生活照料,也包括医疗护理、康复训练、文化娱乐、心理疏导、临终关怀等,以居家养老为基础、社区养老为依托、机构养老为补充的养老服务体系正发挥着越来越重要的作用。

目前社会上存在的养老服务大致有以下几种类型。

(1) 社会养老机构养老服务。社会养老机构是指为老年人提供饮食起居、清洁卫生、生活护理、健康管理和文体娱乐活动等综合性服务的机构,如敬老院、护老院、老年社会福利院、养老院、老年公寓、护理院等。它可以是独立的法人机构,也可以是附属于医疗机构、企事业单位、社会团体或组织、综合性社会福利机构的一个部门或者分支机构。

各类社会养老机构的服务情况分析见表2-5。

表2-5　　　　　　各类社会养老机构的服务情况分析

机构类型	接收对象	服务内容
老年社会福利院	主要接收"三无"老人(无劳动能力、无生活来源、无赡养人和扶养人的老年人)、自理老人、介助老人、介护老人	生活起居、文化娱乐、康复训练、医疗保健等
养老院或老人院	专门接收自理老人或综合接收自理老人、介助老人、介护老人	生活起居、文化娱乐、康复训练、医疗保健等
老年公寓	专门接收自理老人	餐饮、清洁卫生、文化娱乐、医疗保健等
护老院	专门接收介助老人	生活起居、文化娱乐、康复训练、医疗保健等
护养院(护理养老机构、护理院)	专门接收介护老人	生活起居、文化娱乐、康复训练、医疗保健等
敬老院(在城市街道、农村乡镇、村组设置)	接收"三无"和"五保"老人、残疾人员、社会寄养老人	生活起居、文化娱乐、康复训练、医疗保健等

(2) 社区公寓养老服务。社区公寓养老服务机构利用社区配套老年公寓来为老年人提供养老服务,当前一些房地产开发商正在进行试点工作。社区配套老年公寓的房屋设计与一般公寓相似,但更加适合老年人居住。

(3) 度假康养基地养老服务。度假康养基地一般位于旅游胜地,可为能够独立生活的老人提供旅游化的住宅。

(4) 社区居家养老服务。社区居家养老服务以家庭为核心,以社区为依托,以老年人日间照料、生活护理、家政服务和精神慰藉为主要内容,以上门服务和社区日托为主要形式,引入了社会工作者和养老机构的专业化服务。目前很多家庭和老年群体选择社区居家养老服务。

(5) 家庭养老服务。家庭养老服务以血缘为纽带,以家庭成员为主体,对在家居住的老人提供衣、食、住、行、医直至死亡送葬等服务，这也是我国传统的养老服务类型。

3. 病患陪护服务及其服务机构

病患陪护服务主要指为老年人、疾病患者、残疾人提供基础护理和生活护理服务。病患陪护从业人员称为病患陪护员，也称护工。

病患陪护员一般由家政企业派出家政服务员担任，服务地点通常在患者家庭、医院、护理院、康复院等。

4. 儿童托管教育服务及其服务机构

儿童托管教育服务是指在家庭以外，由社会机构（包括政府、企事业、团体、社区、私人）组织与实施的、为有0~14岁儿童的家庭提供的儿童看护服务，包括为0~6岁儿童提供的全日制或半日制托儿服务、为6岁以上学龄儿童提供的放学前和放学后的照管服务。目前很多家政企业都开设了儿童托管教育服务项目，解决双职工家庭无人照顾孩子的问题。

5. 清洗保洁服务及其服务机构

（1）按服务区域的不同，清洗保洁可分为家庭保洁、工厂保洁、物业保洁、商场保洁、医院保洁、街道环卫保洁、写字楼保洁、机关单位保洁和大型公共设施及公共建筑保洁等。

（2）按服务对象的不同，清洗保洁可分为家庭保洁和单位保洁。家庭保洁一般以家政企业派出家政服务员的方式提供，家政服务员进入客户家庭提供住家、钟点工的日常家庭清洗保洁服务。家庭中的特殊设施设备，如家电、高空玻璃窗等，也可以请专业保洁机构提供专业服务。

单位保洁一般由用工单位通过招投标方式选聘中标保洁服务机构，家政企业和专业保洁机构都有可能承接单位保洁业务。

（3）按保洁业务的不同，清洗保洁可分为日常保洁和专业保洁。日常保洁即定期定点为消费者提供约定的常规清洗保洁服务。专业保洁分为新房工程开荒保洁、地板打蜡抛光、石材清洗养护、管道疏通清理、绿植养护杀虫、空气净化治理、高空外墙清洗、高层玻璃清洁等。随着清洗保洁服务的日益专业化和普及化，消费者也越来越重视和青睐清洗保洁服务，清洗保洁服务市场潜力巨大。

第三章 家政企业经营管理者岗位认知

第一节 家政企业经营管理者的职业要求

家政企业经营管理者通常指家政企业内部的中高层管理人员，既包括参与家政企业经营管理的股东或投资人，也包括家政职业经理人。目前多数家政企业中，创始人、主要投资人直接担任经理人，全盘负责企业的经营管理工作，也有部分家政企业面向社会聘用职业经理人来经营管理企业。

家政企业经营管理者尤其是家政职业经理人是家政企业规模化、职业化发展的产物，也是家政企业职业化程度的标志。

从广义上讲，家政企业经营管理者并非单指家政企业的董事长或总经理，也包括其他岗位的中高层管理人员。正是因为家政企业经营管理者数量不断增加、队伍日益壮大，而且家政企业经营管理者所处的岗位、所担负的职责对于家政企业的经营发展和盈亏存亡具有非常重要的作用，所以尽管不同层级的家政企业经营管理者在家政企业中从事不同岗位、承担不同业务、扮演不同角色，但都应该具备良好的综合素养和职业能力，不仅要对国家经济发展和社会生活形态特征以及家政产业链具有宏观的认识，还要掌握家政服务的知识和技能，懂得经营管理知识和实务，具备一些心理学知识，善于协调客户（消费者）与家政服务员之间的关系。总体来说，家政企业经营管理者的职业要求应包括以下几个方面。

一、道德要求

1. 爱岗敬业

家政企业经营管理者要发自内心地喜爱自己所从事的工作，满腔热情地投入工作，为做好本职工作勇于奉献，以严谨、忠诚、尽职的态度面对每一天的职业活动。爱岗是敬业的基础，不爱岗就很难做到敬业。敬业是爱岗在具体职业活动中的表现，不敬业也谈不上爱岗。

目前社会上对家政服务从业人员仍存在职业偏见，要彻底改变这种状况还需要一个漫长的过程。家政企业经营管理者应该发挥表率作用，做爱岗和敬业的模范。

2. 勇于担责

从企业运营角度看，家政企业经营管理者要承担优化企业管理、创造经济价值和社会效益、培养人才、扩大品牌知名度和美誉度等责任。家政企业经营管理者的职位越高，承担的责任就越大，这就要求家政企业经营管理者在工作中要勇于担责。

家政企业经营管理者的重要职责是保证企业财产保值增值，即为企业创造经济效益。家政企业经营管理者即使能够制订完美的战略计划和营销方案，也能管理和带领团队协同工作，但不能为企业创造经济效益，也不算是称职的家政企业经营管理者。

家政企业经营管理者在经营管理过程中，无论是对上还是对下，都要勇于承担属于自己的责任。对上，家政企业经营管理者要完成上级布置的任务，如果没有完成，要勇于面对自己的过失，承担自己的责任。对下，如果下属没有把工作做好，家政企业经营管理者也要承担指挥不当或用人不当的责任。拥有这样的担当，团队才更有凝聚力和战斗力。

然而，仅仅做到这些还不够，家政企业经营管理者还必须遵守国家的法律法规，不做危害国家、社会、企业和消费者的事。

3. 企业优先

优秀的家政企业经营管理者应自觉地将企业的长远利益和整体利益作为工作出发点，把自己的利益与企业的利益有机地统一起来。要时刻摆正自己的角色定位：企业的经营者。家政企业经营管理者的市场价值主要通过其运营企业的业绩表现，以及其个人职业生涯的记录来体现。如果一个家政企业经营管理者缺乏良好业绩表现，那就失去了市场价值。在个人利益与企业利益发生冲突时，家政企业经营管理者要有全局观，做到企业利益优先。

4. 忠于职守

当前，家政服务业最稀缺的是管理人才，优秀的家政企业经营管理者是各家政企业极力争取的对象，部分家政企业为了吸引优秀家政企业经营管理者加盟，会许之以

"高官厚禄"。面对高职位、高薪酬的诱惑，是选择违约投奔新公司，还是坚守契约留在原公司，这对家政企业经营管理者来说是一个考验。优秀而成熟的家政企业经营管理者往往会选择坚守契约留在原公司。因为任何机构都不欢迎不忠诚的雇员。面对诱惑，家政企业经营管理者要做的是带领全体员工全力以赴投入工作，用实际行动为企业也为自己创造更大效益。

家政企业经营管理者的忠诚还体现在离职时和离职后。无论因什么理由离职，家政企业经营管理者都要坚守职业道德。离职时要做好工作交接，不带走属于原公司的资源；离职后到新公司，不在新公司抱怨原公司等。

二、素质要求

家政企业经营管理者只有不断提高自身素质，才能胜任家政企业的工作，肩负起家政企业发展的重任。

1. 诚实守信

家政企业经营管理者在职业活动中必须为人诚实、信守承诺。因为家政企业经营管理者既代表个人又代表企业，如果不能做到诚实守信，不但会损害自己的名声，还会损害家政企业的整体利益。

2. 心理强大

面对激烈的市场竞争，家政企业经营管理者必须拥有过硬的心理素质，只有这样才能应对压力带来的心理影响。遇到股东不理解、下属不支持、客户投诉等，家政企业经营管理者必须有强大的心理素质，从容应对。

家政企业经营管理者要能把控自己的情绪，最大限度地减少自我贬抑的负面情绪发生，做到能够在不同的情境中用平和的心态去做事和处理问题。

3. 不断创新

家政市场需求的多样性要求家政企业经营管理者必须具备创新精神。家政企业经营管理者要不断学习，保持对新鲜事物的热情和好奇心，这样才能不断超越自我。家政企业经营管理者需要在持续完善传统服务的基础上，创造性地开发新产品和定制化服务，满足客户对高品质服务的需要，同时强化从业人员业务素质和专业技能培训，以适应"互联网＋"和 AI 时代的家政服务需求。

三、技能要求

家政企业经营管理者是职业化的家政服务工作者和管理者,行业和职业的特点要求家政企业经营管理者必须具备很高的职业技能水平。

1. 岗位专业技能

家政服务市场环境、技术和竞争对手变化很快,家政企业经营管理者要不断对自己进行专业定位并不断学习,使自己的能力符合自己所在岗位的专业技能要求。

2. 团队领导能力

目前我国的家政企业普遍规模较小,但"麻雀虽小五脏俱全",任何一个部门出现疏漏,都会给企业造成损失。家政企业经营管理者作为专业人才,要能够从企业大局出发,善于调动不同部门、不同岗位的人协同作战,共同完成企业的经营目标。

3. 优秀沟通能力

家政企业经营管理者是家政企业的管理者,工作中不仅要善于运用奖惩措施来管理员工,还要具备较强的沟通能力,在沟通过程中能动之以情、晓之以理,激发员工的积极性和工作热情,并且善于处理与家政企业投资人/股东的关系,使企业能够上下一心,共同努力完成企业目标。

四、形象要求

家政企业经营管理者的工作形象是家政企业经营管理者向社会传达的直观的职业印象。职业化的家政企业经营管理者应该善于通过自己的工作形象向社会传达家政人自律、自信、专业的职业形象。家政企业的主要服务对象是家庭,家庭是人们劳累一天后栖息的港湾。只有家庭对向其提供服务的家政企业及工作人员建立一定的信任感,才可能会放心地把照顾家人的重任委托给家政企业。在这个建立信任感的过程中,家政企业经营管理者无论是内在修养还是外在穿着、言谈举止都必须符合自律、专业、自信的要求。

五、态度要求

工作态度是家政企业经营管理者对其工作所持有的评价与行为倾向,包括认真度、责任度、努力度等。通常我们可以从以下三个方面来考察家政企业经营管理者的工作态度。

1. 对所从事工作的认知

家政企业经营管理者的工作态度同他对家政服务工作的性质和特征的认识有关。因了解所从事的工作对社会和个人发展的重要性而愿意为其投入时间和精力与为了谋生而工作的态度是不一样的。工作态度在很大程度上受价值取向的影响，价值取向决定了家政企业经营管理者对工作的认同程度，从而影响其对工作投入的时间、精力等。比如，对于家政企业来说，如果不把满足客户需要、为客户创造价值放在企业获得利润之上，就很难保证家政企业经营管理者对那些立足企业长远发展但短期较难获得回报的工作抱以积极的工作态度。

2. 情感是否得到满足

对于家政企业经营管理者来说，所从事的工作能否让其得到情感上的满足非常重要。家政企业经营管理者对工作的满意度可能与薪酬、升迁、工作的挑战性等有关，也可能与上级的领导风格、同事关系等因素有关。家政企业经营管理者应时刻注意调整状态，以积极的状态去工作。

第二节　家政企业经营管理者的自我管理和团队管理

家政企业经营管理者是家政企业的中流砥柱，负责经营和管理企业或企业的一个部门，这要求家政企业经营管理者严以律己、率先垂范，通过严格的自我管理来树立威信，带领团队去完成既定目标。

一、家政企业经营管理者的职责定位

1. 忠诚勤勉的领导者

家政企业经营管理者是整个家政企业的统领者，通过对企业的经营管理获取劳动报酬。企业根据家政企业经营管理者的经营管理技能和绩效衡量他们的工作能力和业绩。职业的家政企业经营管理者是在所有权和经营权分离的情况下出现的，他们受命于家政企业的所有者，承担着企业管理和业务发展的职责。

家政企业经营管理者在其职权范围内具有自主决策权。在工作中，家政企业经营管理者可以在职权范围内对具体情况进行专业判断，并做出最有利于企业长远利益的决策。自主决策权的实施效果除受到家政企业经营管理者的经营管理知识和经验影响外，还会受到企业内外部多种因素的影响。

2. 卓有成效的管理者

家政企业经营管理者的价值就在于他的职业化和专业性。职业化表现在他以经营管理企业作为职业，拥有职业理想，并通过不断挑战自我，追求事业成功和社会认可。在"猎头"等市场力量推动下，家政企业经营管理者经营企业的成功经历可为他获取更高的报酬和更优质的平台提供最有力的证明。在家政企业经营管理者被聘任后，除了应承担的工作责任外，实现自我人生价值的内在要求也会令他们全身心地投入企业的经营管理中。家政企业经营管理者通过施展管理才华，分析企业面临的风险和机会，对现有产品、服务、市场等进行系统分析，帮助企业确定发展目标，制定战略，整合资源，为企业创造价值。

3. 值得信任的"领头雁"

家政企业经营管理者处于所在团队的领导位置。要带领团队实现既定目标，他需要凝聚所在团队成员的力量，这不仅要求他具有超凡的个人魅力，还要求他对所承担的使命进行全面思考，制订明确的目标和确定实现目标的方法，他需要能预见可能出现的困难，在当前条件下做出最有利于目标实现的选择。在此过程中，他要将"领导"视为一种责任而非职权或特权。以身作则是"领头雁"赢得下属信任的重要品质。在遇到问题时，家政企业经营管理者作为"领头雁"要勇于承担责任，而不是透过藏私。在遇到比自己能力出众的下属时，要勇于鼓励和表扬下属，善于通过开发和利用下属的潜力去构建起一个不依托"领头雁"就能运行的团队。

二、家政企业经营管理者的时间管理

时间管理是指通过事先规划并运用一些方法和工具，科学合理地利用时间去实现个人或组织的目标。时间是完成目标最稀缺的资源之一，也是不可替代的资源。对于家政企业经营管理者来说，时间管理是完成目标的重要保障。

1. 规划时间

"磨刀不误砍柴工"，时间管理往往从规划时间开始。崇尚效率的家政企业经营管理者会从时间安排上着手统筹工作。规划时间可以看作是对完成目标所需时间进行理想化安排。然而，很多事情会干扰规划的实现。比如，一些突发情况会打乱原定的会议或者市场调研，有些与目标实现没有太大关系但是又必须花时间去处理的事项会占用原定的项目时间。家政企业经营管理者在工作中要处理各种关系，难免会耗费一些时间在看起来意义不大的事务上，所以家政企业经营管理者必须学会规划时间。在此推荐应用四象限时间管理法，如图3-1所示。

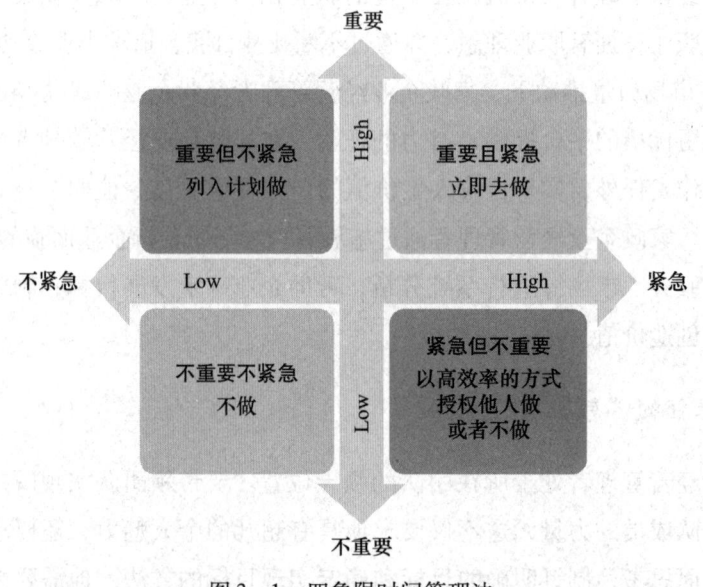

图3-1　四象限时间管理法

2. 记录时间

在实际工作中，实际花费的时间往往与规划的时间存在差异。通过记录时间，家政企业经营管理者可以知道自己的时间都花到了哪里，花在主要工作上的时间以及花在处理零星事务上的时间各是多少。通过一段时期的记录和分析，如果发现实际花费的时间与规划的时间仍存在较大差异，那么家政企业经营管理者就要重新审视时间规划是否合理，或者是否应当进行适当的调整，是否压缩非重要性事务所占用的时间。

3. 统筹时间

家政企业经营管理者从事的经营管理工作往往需要一段较长的时间去完成，这就要求家政企业经营管理者能够对这一段时间进行统筹，也就是按照工作内容的轻重缓急去匹配时间，把紧急的事情放在前面做，给重要的事务分配更多的时间。比如，制订方案，需要对市场数据进行深入搜集、整理和分析，如果匆匆忙忙地完成方案的制订，那么这种方案的风险就比较大。为了避免损失，对于制订关键方案这种工作应当分配较为充分的时间，并从容地进行规划、编写和完善。

时间对每个人都是公平的，统筹时间的本质就是科学合理分配时间以及挤出时间。家政企业经营管理者要学会通过授权来挤出时间去完成必须亲自去做的事情。此外，家政企业经营管理者还应尽量避免浪费别人特别是下属的时间，以提高整体团队的时间效率。

家政企业经营管理者要集中时间用于真正重要的事情，将零散的碎片时间用于处理次重要的事情，这也是统筹时间的一种有效方式。

三、家政企业经营管理者的情绪管理

情绪是由我们的大脑构建出来的，当某事件发生时，大脑就会支配身体做出相应的反应。当身体感觉和外界事件产生共鸣时，情绪就发生了。情绪的出现是人的生理特征、文化背景、成长环境等多种因素作用的结果。

家政企业经营管理者在工作中也会面临情绪管理的问题。例如，家政企业经营管理者可能会遇到下属不服从指挥、客户投诉等问题，面对这种情况，如何平心静气地处理问题，避免焦虑、压力和疲惫等消极情绪对工作产生负面影响，这就需要对情绪进行管理。家政企业经营管理者可以通过多种方式管理和控制情绪，以便顺畅地开展经营管理活动。

家政企业经营管理者的情绪管理包括个人的情绪管理和团队成员的情绪管理两个方面。

1. 个人的情绪管理

身心健康是人们的美好愿望和追求，身体和心理之间的和谐平衡是保持积极正面情绪的基础。家政企业经营管理者要做好个人的情绪管理，首先要从管理好身体做起，早睡早起、均衡饮食、适当健身等都有助于保持良好的情绪。其次，平时应加强个人修养和针对性训练，塑造良好心态。再次，加强工作的计划性，做好应对意外情况的应急准备，这样在遇到紧急、意外情况时，就不至于惊慌失措、情绪失控。最后，当出现难以控制的负面情绪时，应在积极完成工作的同时依靠自主能力对负面情绪加以把控，以免事态进一步扩大，或者求助于专业人士帮助自己疏导负面情绪，使自己尽快恢复到正常的工作状态。

2. 团队成员的情绪管理

家政企业经营管理者在做好个人情绪管理的同时，也要做好团队成员的情绪管理。

家政企业经营管理者作为团队的领导者，首先应该具有较强的自我情绪控制能力，这样才能将积极、正面的情绪传递给全体成员。第一，在招聘、录用新员工时，可以适当加入情商测试环节，尽可能录用情绪稳定、积极正面的新员工。第二，在部门员工的岗位匹配等环节中嵌入情绪管理维度，确保团队成员的性格和情绪具有互补性和融洽性。第三，在任务布置上，要根据下属的能力、身心状况进行任务安排，做到扬长避短，使下属通过努力能够完成任务。第四，采取措施营造温馨的办公环境，将情绪管理纳入员工培训的内容，提高整个团队的情绪管理能力。第五，多多关心下属，留心他们的情绪变化，当下属出现不良情绪时，应及时了解情况，采取积极措施，一方面帮助他们解决所面临的困难和问题，另一方面通过科学方式帮助其疏导负面情绪。

四、家政企业经营管理者的沟通管理

家政企业经营管理者的日常工作离不开沟通，沟通既是其重要的工作内容也是其工作的方式之一。沟通按照方式可分为直接沟通和间接沟通；按照内容可分为业务沟通、情感沟通、日常事务沟通等；按照对象可分为与客户沟通、与公司内部人员沟通、与家政服务员沟通、与政府相关部门沟通等。对于家政企业经营管理者而言，最为重要的就是用最佳的方式，在最短时间内，达成最优的沟通效果。

1. 与客户沟通重在成单增效

目前，我国家政企业多为小微企业，绝大多数家政企业经营管理者需要直接接触客户，开展营销宣传，了解客户的需求，倾听他们的投诉，处理各种纠纷等。与客户的沟通，最为重要的就是通过宣传企业在机制、人员、服务、价格、售后诸多方面的差异化优势，实现与客户签单的目的。如果是处理客户投诉，那么既要做好客户的安抚和投诉事项的善后处理，也要稳定相关家政服务员的情绪，实事求是地保障其合理权益。

2. 与公司内部人员沟通重在高效通达

在公司内部，家政企业经营管理者的沟通通常包括与上级沟通、与下级沟通、与平级沟通等，沟通的内容包括请示汇报、下达工作指令、协调内部关系等。无论与公司内部哪个层级的同事进行沟通，家政企业经营管理者所要追求的目标都应该是高效通达。所谓高效通达，就是要降低沟通成本，在最短时间内准确无误地领会上级的意图、向下级传达本人的想法、让同事明白自己的意思，并且在准确快捷沟通之后，迅速将相关业务安排下去加以落实。

3. 与家政服务员沟通重在"拴心留人"

从经营管理家政企业的角度来看,家政企业经营管理者与家政服务员的沟通时间所占比例是很大的,沟通的重要性也是非同寻常的,这是因为,如果家政企业没有家政服务员,或者家政服务员队伍不稳定、人数比较少、技能水平低、职业素质差,那么这家家政企业就很难生存下去。所以,家政企业经营管理者要花较多的精力和时间与家政服务员进行沟通,要让他们感受到企业良好的发展前景,体会到企业贴心的人文关怀,看到企业优质的客户资源,听到企业员工真实可信的挣钱案例,最终使他们开心、主动地留在企业长期工作。

4. 与政府部门沟通重在赢得理解和支持

有时,家政企业经营管理者会代表家政企业与政府相关部门进行沟通,汇报工作、介绍情况、申报项目等。在这种时候,家政企业经营管理者应该做好充分的准备工作,把企业的业务情况和相关数据梳理清楚,实事求是地向相关部门进行汇报,充分地展现企业的工作成果和业绩,以便得到相关政府部门的认可,获得公信力和知名度的提升,增强企业的凝聚力和影响力,从而调动企业员工的积极性,增强企业员工的荣誉感。如果企业因出现经营管理方面的问题而面临政府相关部门的督查和惩罚,家政企业经营管理者也应实事求是地进行认真检查、深刻反思,在政府相关部门的指导下进行有效整改。如果是申报政府项目,家政企业经营管理者应该在充分展示企业相关能力和优势的基础上,通过有效的沟通积极争取。

五、家政企业经营管理者的团队管理

家政企业经营管理者是团队的领导者,必须熟谙团队管理的方法和技巧,带领团队成员去完成企业的经营目标。团队管理需要关注的方面比较多,既要重视外在的业务能力培训和执行能力养成,又要注重内在的价值观培养和凝聚力打造。

1. 增强团队的凝聚力

一个成熟的团队一定是经过反复锤炼而具有强大凝聚力的队伍。家政企业经营管理者不仅应该凭借自身优秀的品质和业务能力赢得团队成员的认可,更要在团队成员中塑造共同价值观和制订共同利益目标,在此基础之上建立起来的团队凝聚力才是坚不可摧的。

2. 培养团队的责任心

责任心是从业人员必备的基本职业精神，其重要性不亚于业务能力。团队中需要大家齐心协力才能完成任务，所以家政企业经营管理者必须发挥团队核心的积极作用，鼓励团队成员共同承担责任，培养团队成员的责任心，只有每个团队成员都具有强烈的责任心，一个团队才能有完美的配合，进而产生最大合力。

3. 建立团队的信任感

信任是团队开展工作、发挥作用的前提，是团队保持凝聚力的基础。家政企业经营管理者作为团队的领导者，要善于在团队成员中建立信任感。在工作当中，家政企业经营管理者应充分地信任团队成员，对团队成员做科学合理的授权，鼓励团队成员默契配合并创新性地解决工作中的问题。

4. 提高团队的沟通能力

家政企业经营管理者应该在团队中建立顺畅的沟通渠道，鼓励成员就业务工作中的各种问题进行充分沟通，这样团队成员间会产生思想的碰撞，还能同步各项业务工作的信息，提高团队成员对于目标和工作计划认知的一致性，从而使团队更加具有凝聚力和战斗力。在引导团队成员进行沟通时，应注意塑造公平、公开的沟通环境，建立以问题为导向的沟通方式，营造积极、正面、热烈的沟通氛围。

5. 强化团队的执行能力

执行能力是衡量一个团队能否完成企业经营任务的重要指标之一，团队执行能力的高低甚至决定了企业的生死存亡。无论企业确立了多么好的任务目标、经营战略、营销策略、管理机制，如果团队的执行力不强，所有的经营计划和方案就只能停留在纸上。事实上，团队的执行能力在一定程度上也折射出了团队领导者的统筹能力，反映的是团队的整体作战能力。所以，家政企业经营管理者不仅要加强自身决策能力、指挥能力的培养和锻炼，更要率先垂范，亲自带领和督促团队成员齐心协力去完成经营任务。

6. 提升团队的学习能力

学习能力是提升团队综合素质和业务能力，确保一个团队能够不断获取能力提升和前进动力的重要途径，也是一个团队不断自我超越、创新发展的力量源泉，所以家政企业经营管理者应重视团队学习能力的提升，在工作中有意识地创造条件，让团队成员进行系统的学习和培训，使其学习能力得到全面的提升。

第三节　家政企业经营管理者的目标管理与绩效考核实施

家政企业经营管理者的主要职责是经营和管理家政企业或其一个部门，应注重目标管理和绩效考核实施。

一、目标管理

目标管理是现代管理大师德鲁克在1954年出版的《管理实践》中提出的一种管理方法，其定义是：目标管理是以目标为导向，以人为中心，以成果为标准，而使组织和个人取得最佳业绩的现代管理方法，也称为成果管理。目标管理法的操作原理就是把组织战略目标、高级策略目标、中级目标、初级目标、具体任务和执行方案打造成一个企业目标体系。高层管理者负责设定组织战略目标和高级策略目标，中层管理者负责设定中级目标，基层管理者负责设定初级目标，岗位责任人根据具体任务来设定执行方案。

1. 目标管理的实施流程

目标管理的实施流程一般分为目标及目标体系的建立、目标的分解与实施、目标的考核与校正三个阶段。

（1）目标及目标体系的建立。这是实施目标管理的第一阶段，也是最重要的阶段。基于家政企业实际情况，将企业目标体系分解为三个层级：企业目标、部门目标和员工目标。企业目标是指企业发展的总目标，家政企业经营管理者可将总目标逐级分解为可以操作的具体任务，并为实现各级目标而制订明确的市场战略规划。部门目标是指利用企业内外部资源，围绕企业发展总目标设定的业务、培训、财务管理、质量管理、人力资源管理等目标。员工目标是指员工为落实部门下达的特定目标，完成岗位上每月、每周甚至每天的工作，并保证工作质量经得起考验而设定的目标。目标管理就是将组织的总目标分解为各个部门和员工的子目标，上级管理人员根据子目标对下属进行管理。

（2）目标的分解与实施。目标的分解与实施主要包含以下五个方面，即在经营单位和部门之间分配主次目标，各单位的管理者和他们的上级一同设定本部门的具体目标，部门的所有成员参与设定自己的具体目标，管理者与下级共同制订实现目标的行动计划，实施行动计划。

目标管理在实施阶段强调自主行动、自我管理，同时要加强对下级的指导和帮助，做好基础管理工作，完善必要的规章制度，形成日常工作依靠规章制度、业务工作依靠目标管理的工作模式。

（3）目标的考核与校正。定期检查目标的进展情况，并向有关单位和个人反馈。到预定期限后，由下级提出书面报告，上下级一起对目标完成情况进行考核，决定奖惩。

2. 目标管理的误区

由于认知能力、工作态度、执行力等因素的影响，家政企业经营管理者在工作过程中，对于目标管理的认识也会存在一些误区。

（1）目标不清晰。家政企业经营管理者常把宗旨与目标相混淆。宗旨表达的是组织的一种追求，比较抽象，最终也许无法量化完成；目标是一种行动承诺，必须具体、可操作、可实现、可检验。

（2）忽视长期目标管理。企业的发展战略按照时间线可以设定为长期（5~10年）、中期（3~5年）、短期（1~3年）等不同时间段的发展目标。家政企业经营管理者受个人聘期长短的影响，考虑到与个人报酬的关联性，往往会忽略长期目标的设定和管理，对短期目标的设定和管理积极性较高。

（3）对自身在目标管理中的定位认识不清。企业的发展战略目标可以从高层管理者、中层管理者及员工三个级别进行分解。家政企业经营管理者必须根据自己的岗位级别认清自己的目标，不要跨越层级设定目标，以免因职权限制而使目标不具有可操作性，或者因设定了较低层级目标而使企业的资源配置效率受损。

二、绩效考核实施

绩效考核是指按照一定的考核方法和程序，依据特定的标准和指标，对员工在一定时期内的工作行为和工作业绩所做的评价。绩效考核与企业的每个人息息相关，家政企业经营管理者通过绩效管理系统实施绩效考核能很好地了解员工每年的工作表现和工作成果，并以此为依据在薪酬、奖金、分红、职位等方面对员工进行奖惩。

通过对员工进行绩效考核，加上其他辅助手段，能够比较有效地提高员工的工作绩效，改善其工作行为，从而达到提升家政企业整体业绩的目的。同时，将绩效结果向员工进行反馈,能够帮助他们在工作中不断成长与进步。

1. 绩效考核的基本原则

(1) 目标导向原则。要求考核内容应紧紧围绕企业给员工设定的工作目标而展开,对目标中规定的内容应进行拆分和量化,逐条考核其完成的程度。

(2) 客观公正原则。客观公正既是对考核双方而言的,也是针对考核全过程、全环节所设定的原则。这项原则要求考核方(企业、上级)所制定的考核标准应有根有据,在所有考核环节上、对所有被考核者保持一致性,这样才能使考核结果客观真实地反映被考核者的实际工作绩效。

(3) 考核方式的适用有效原则。要求所采取的考核方式必须与企业的发展阶段、发展水平、管理基础、成本承受能力和企业文化理念相适应,并能客观、全面地反映员工的实际绩效。

(4) 考核结果的挂钩使用原则。考核的结果应与员工的激励奖惩挂钩,根据绩效考核结果来确定员工的薪酬、奖惩、职务的晋升或降级等。

2. 绩效考核的方法

绩效考核的方法很多,最为常见的有以下两种。

(1) 关键绩效指标(Key Performance Indicator,KPI)考核法。这是通过对工作流程绩效特征的取样、计算和分析,提炼出最能代表绩效的若干关键指标,以此为基础进行绩效考核的目标式量化考核模式。

这种考核方法的优点是:考核重点突出,将注意力集中于与企业目标的实现密切关联的关键指标,有助于保证战略的实施和目标的实现;强调抓住企业运营中能够有效量化的指标进行考核,提高了绩效考核的可操作性与客观性。

这种考核方法的缺点是:关键指标的选取和定量受到企业原有管理基础的很大制约,若企业的管理基础薄弱,就很难量化关键指标,从而影响关键绩效指标考核的运用;此法偏重于量化指标的考核,对于无法量化的工作内容难以考核。

(2) 360度绩效考核法。360度绩效考核法又称全员评价法,通过征询被考核者的上级、同级、下级和客户等各方面的意见来对其工作进行评价,根据评价结果的反馈判定其完成目标任务的程度,以及个人工作能力、沟通能力、情商表现、协调能力等方面的长处和短处。该法主要适用于员工的素质评价和能力开发。

360度绩效考核法的优点是克服了单一量化评价的局限,可以获得较为全面的评价,缺点是容易受到评价者主观因素的影响。

3. 实施绩效考核的注意事项

（1）考核标准要清晰。制订考核计划时，由于部分考核指标并不能进行量化和细化，导致考核标准不够清晰，因此考核结果容易带有主观性，不能客观、准确地做出评价。即使在这种情况下，也应该对需要做出主观评价的标准清晰地进行描述，以便最大限度地降低主观性对于考核结果的负面影响。

（2）重视面谈和反馈。企业对员工考核完毕，应该与被考核者进行面谈，将考核结果、形成考核结果的方式和原因、如何进行整改等内容与被考核者进行充分沟通，这样才能有效地使员工克服缺点、改进工作方法、提高绩效。也只有通过这样的面谈和反馈，才能使考核结果指出的问题和缺点让被考核者接受，使其因为听到当面夸奖而产生由衷的自豪和自信，从而能够从容面对具体的奖惩。

（3）不能感情用事。在关系亲疏和主观印象的影响下，考核者很容易在考核过程中感情用事，对于自己喜欢或熟悉的人，更容易给出较高的评价，反之则可能给出较低的评价。因此，在考核过程中，不仅要细化和量化考核内容和考核标准，还要严格按照考核的原则和操作方法进行考核，避免主观情绪的干扰，做到客观、公正、公平。

三、激励机制

在职场上，不是所有人都具备内生动力。企业需要制定激励机制，家政企业经营管理者需要利用激励机制来管理团队。

激励机制有助于激发员工的主观能动性，唤醒其潜能，从而产生持久不懈的工作动力。家政企业的激励机制通常包括目标激励、信任激励、物质激励、情感激励、奖罚激励、薪酬激励、竞争激励等。

1. 目标激励

家政企业经营管理者采用目标管理的方式来经营管理企业。目标具有引发、导向、激励的作用，家政企业经营管理者可以通过将企业的总目标按部门分解成若干子目标，并与员工一起设定个人的工作目标，以此达到调动员工工作积极性的目的。运用目标激励时应注意：目标设置要合理、可行，与员工的切身利益密切相关；难度要适当；内容具体明确，有定量要求；应既有近期的阶段性目标又有远期的总体目标，使员工感到工作的阶段性、可行性和合理性。

2. 信任激励

信任能唤起人们最宝贵、最有价值的忠诚度和创新动力。家政企业经营管理者用自己的信任、鼓励、尊重、支持等情感对员工进行激励，是最持久、最深刻和性价比最高的激励方式之一。实践证明，家政企业经营管理者一个期待的目光、一句信任的话语、一次真诚的帮助，都能使员工自信起来，走上成功的道路。员工能否勤奋努力、坚持不懈地工作，与家政企业经营管理者的信任程度有着密切的关系。家政企业经营管理者只有信任每位员工，帮助员工树立自信心，才能最大限度地发挥员工的积极性和创造性，提升员工的绩效水平。

3. 物质激励

物质激励是指通过物质刺激的手段鼓励员工工作，其形式主要包括工资、奖金、津贴等。研究表明，中小微家政企业因为资金有限，在物质激励手段上往往缺乏系统性和多样性，在报酬形式上，对员工多采用"底薪＋奖金"的方式，对家政服务员则较少采取现金奖励，更多是赠予一些日用品等。实践证明，薪酬分配合理、公平与否直接影响员工的积极性。家政企业经营管理者要善于有效利用物质激励确保员工队伍稳定。

4. 情感激励

情感激励是通过建立一种人与人之间和谐良好的情感关系来调动员工积极性的方式。家政企业经营管理者要及时了解并主动关心员工的情感需求以建立起正常、良好、健康的人际关系和工作关系，从而营造出一种相互信任、相互关心、团结融洽的工作氛围，使员工真切感到自己得到了重视和尊重，增强员工对企业的认同感和归属感。

5. 奖罚激励

奖罚激励是企业管理活动中常用的一种激励方法，如表扬、赞赏、晋级、批评、处分、降级、开除等。研究表明，赞赏是一种将外在动力转化为内在动力的较好形式，不受时间、地点、环境限制。家政企业经营管理者给员工一个极小的赞许，就可能激励员工以饱满的精神状态投入工作。实践证明，奖罚措施应用得当，将会发挥较大的激励效应，但是如果应用不当，就会引起员工的不满和怨恨，以及行为上的消极对抗。

6. 薪酬激励

薪酬激励主要是指家政企业经营管理者利用员工薪酬体系与部门收益、企业收益挂钩的方式，将员工的薪酬分为工资、提成、年终奖、分红、股权等多重结构，从而让员工既能通过努力得到短期的好处，又能保持对企业的忠诚，与企业的长远利益和整体利益绑在一起，保持持久不懈的工作热情。实践证明，制定这种复合式的薪酬激励制度，不仅可以使员工个人所得与其付出的努力和劳动大体相当，而且还能够形成长期调动员工工作积极性的机制，从而确保企业拥有长期健康发展的不竭动力。

7. 竞争激励

家政企业经营管理者应在企业内部营造竞争的氛围，设置竞争激励机制，以期发挥"鲇鱼效应"。竞争激励是家政企业经营管理者鼓励进步、鞭策平庸的重要方式。竞争激励机制可以让优秀员工更加努力去发挥自己的优势，为了获得更高成就而拼搏；可以让能力平庸、绩效低下的员工最大限度地去挖掘自身的潜能，为了完成企业赋予的任务目标而努力。

第四节 家政门店店长

家政门店是向消费者个人或团体有偿提供与家政服务相关的商品与服务的商业机构，它可以是一家独立的家政企业，也可以是隶属于家政企业的一个分支机构，或者是连锁家政企业的子公司或分支机构或加盟店。家政门店是家政服务业生态链条中最基础的组织机构，在当今社会经济生活中扮演着重要的角色。

家政门店是家政企业最主要的盈利单位和收入来源，其员工处于为客户提供服务的第一线，是接触客户、宣传品牌、推广产品、传播企业文化的主力军，家政门店店长作为家政门店的负责人发挥着至关重要的作用。

一、家政门店店长的角色定位

家政门店店长是指拥有一定岗位技能和管理能力，代表家政企业总部对门店日常运营进行管理的负责人。他们负责监督和管理门店的日常运营，指导员工并确保其工作符合规范，代表企业与客户进行有效沟通。

家政门店店长作为家政门店的管理者，其管理水平对门店团队的工作协调性和竞争力的提升具有直接影响。在团队工作中，家政门店店长需要准确地认识并发挥自己在团队中的作用，以确保整个团队的正常运转。实际工作中，家政门店店长主要承担了经营管理者、供需关系协调者、服务质量保障者、业务拓展者、员工培训与激励者五种角色。

1. 经营管理者

家政门店店长行使的权力源自总部的委托或任命，因此他们必须对总部承担相应的责任。这种责任既包括贯彻执行总部的决策，也包括在自身职权范围内对下属进行有效的管理。家政门店店长在行使职权时必须确保自身行为符合法律法规和职业道德规范，严格遵循企业规定，同时也要对上级领导和下属员工负责，确保企业整体利益的最大化。

作为家政门店的核心管理者，家政门店店长承担着制订和执行门店经营计划、组织协调人员与物资、监督门店运营等重要职责。他们需要具备全面的经营和管理能力，以确保门店日常运营顺利，实现销售和利润目标。

家政门店店长需要对与家政门店经营管理相关的各种信息进行收集、分析和处理，这是其最基本的职责之一，也是其核心竞争力的重要体现。这些信息包括门店内部的运营、销售、财务等各个方面的信息，以及外部的市场、竞争、政策等各方面的信息。当然，从业务角度出发，家政门店店长最需要收集和处理的信息应该是家政服务员和客户需求这两个方面的信息。

作为家政门店店长，他们还应该关注门店的社会责任，积极参与环保活动和社会公益事业，与所在辖区的党、团、工、青、妇等组织合作，提升家政门店的影响力和公信力，增强客户的黏性和忠诚度。

科学合理配置家政门店的各项资源，包括人才、财务以及物料等，是家政门店店长的重要工作内容。高效且精确地配置这些关键资源，将有利于保障家政门店运营的顺畅和稳健，进而提高家政门店的运营效率和服务品质，最终实现企业的长远目标。为实现这一目标，家庭门店店长需具备卓越的资源调配技能，充分了解企业、门店的独特战略、企业文化以及所在地区的基本状况（如人口结构、经济状况等），同时依据门店运营实际状况合理调整人力、财务、物料等各类资源的分配。

2. 供需关系协调者

家政服务业的供需关系协调是指在提供家政服务的过程中，对服务供需双方的关系进行管理，以确保服务的高效、顺畅和满意。有效的家政服务关系协调有助于破解行业的突出难点与痛点、堵点，提高客户满意度和忠诚度，增强家政门店的竞争力，提高工作效率，提升品牌形象。

家政门店店长要想成为合格的供需关系协调者，首先需要制订服务计划。制订服务计划时,要充分考虑总部和门店的战略目标和营销计划,同时还要考虑客户的需求和期望、可支配资源的条件、市场竞争等因素。为了制订有效的服务计划,他们需要深入了解客户的需求,并认真分析市场趋势和竞争对手的动态。对于制订服务计划,要根据实际情况进行灵活的调整,以确保服务质量和客户满意度得到不断提高。

其次,家政门店店长需要对客户关系进行管理与维护。家政门店店长须与客户保持良好的关系,以确保门店及家政服务员可向客户提供优质高效的家政服务。为达成此目标,家政门店店长需要保持友善、耐心和专业的态度,并时刻关注客户的希望与诉求。此外,家政门店店长还需要通过积极的互动和沟通来增强与客户的联系,建立信任和共识,以便更准确地理解客户的需求和偏好。为确保提供高效率的服务,家政门店店长需要对服务质量进行评估,关注客户对服务的满意度和反馈,以便及时调整服务内容和方式。只有在这样的业务关系中,门店所提供的服务才能真正满足客户需求,从而实现长期合作和稳定收益。

最后,家政服务过程中的风险管理是供需关系协调的重要内容。在家政服务关系管理中,家政门店店长需要细心考虑风险因素,以避免潜在的危机。这些风险因素包括客户投诉、服务质量、供需纠纷问题等,它们可能会对家政品牌的声誉和业务产生负面影响。因此,家政门店店长需要具备预测和应对潜在风险的能力,以确保服务质量和品牌声誉不受损害。他们需要密切关注服务活动的细节,包括客户反馈、服务流程、员工行为等方面,以及时发现潜在问题并采取有效的应对措施。同时,家政门店店长还需要建立健全风险管理机制,准备好相应的预案和应对策略,以便更好地应对各种突发情况,确保供需关系和谐稳定,及时并妥善解决问题。

3. 服务质量保障者

服务质量是家政服务业的生命线。优质的服务有助于提高客户的满意度和忠诚度,提升企业的品牌价值和市场形象,吸引更多的潜在客户,扩大企业的市场份额。家政门店是提供家政服务的商业机构,担负着确保服务质量的义务和使命,而家政门店店长就是服务质量的保障者。

家政门店店长应深刻理解家政服务质量的内涵,并能够对家政服务质量进行全面的评估。他们需要具备丰富的专业知识和技能,以便对家政服务员提供的服务进行密切的监督和科学的评估。他们需要了解服务的执行情况,如服务时间、服务内容、服务质量等,同时还需要及时掌握客户的反馈和投诉,以便迅速发现和解决问题。在此基础上,家政门店店长将对服务质量进行定期检查,以确保服务的规范化与标准化。他们需要根据总部的评估标准,采用多种方法对服务质量进行检查和验收,如听取客户意见、观察家政服务员的工作表现以及查阅服务记录等。

在对服务质量进行评估的基础上,家政门店店长应采取措施去改善服务质量。通过收集和分析数据、调查和研究市场、了解和分析客户的真实需求,最终提出改进服务质量的建议并推动实施。在此过程中,家政门店店长需要在门店内部和客户之间进行沟通协调,确保信息的及时传递和问题的有效解决。

同时,家政门店店长应基于家政服务工作的实际情况为总部提供客户与市场需求的最新动向,帮助总部改进家政服务的标准和流程,然后通过内部专项培训提高家政服务员的服务技能和水平,以使新的标准和流程在其他门店得到推广和广泛应用。

4. 业务拓展者

身为家政门店负责人的店长,既要带领销售团队开拓业务渠道、拓展新业务,同时也应当亲自上阵,挖掘市场潜力、发掘新的客户群体。

为了在竞争激烈的市场中立足并不断发展,家政门店必须注重业务拓展。只有不断扩大业务范围,才能提高市场占有率,从而获得更多的客户和业务机会。同时,有效的业务拓展也能帮助企业提高知名度,通过在更大范围内展示自身的实力和服务质量,才能吸引更多的潜在客户。通过扩大业务范围,增加销售额,家政门店可以获得更多的利润,进而提高经济效益。同时,在拓展业务的过程中,门店可以不断优化自身的经营模式和管理方法,降低成本,提高效率和利润。

在担任业务拓展者的角色时,家政门店店长需要在上级的指导和监督下按时完成预设的工作目标,维护客户关系并为每位客户提供优质服务以实现门店销售目标。同时,还需积极了解并向客户解释服务项目详情,介绍企业在行业中的优势和特点,并为特定客户提供专业的咨询服务。

总之,对于家政门店来说,业务拓展是其在竞争激烈的市场中取得成功的重要因素,家政门店店长必须高度重视业务拓展工作,并采取有效措施不断推进业务拓展创新。

5. 员工培训与激励者

激励机制可以激发员工的内在动力,增强他们的工作积极性和热情,提高员工的工作效率和质量,挖掘员工的潜能,使他们发挥出更大的能量,从而帮助门店实现更好的业绩。

良好的激励机制可以吸引更多的人才加入门店工作团队,同时也可以留住优秀的员工,降低员工流失率。合理的激励机制可以增强员工的归属感和忠诚度,促进员工之间的合作和交流,从而提高企业的凝聚力和向心力,使他们更加明确企业的经营目标,并为实现这些目标而努力工作。激励还可以促进企业文化的形成和发展,使企业文化更加积极向上、富有活力，从而增强企业的竞争力和影响力。

一个卓越的业务团队是家政门店取得成功的重要基石，店长在采用科学合理的激励机制去激发员工工作激情的同时，还需要创造条件，对员工进行岗前培训、岗中复训，按照职业技能标准和企业确定的服务规范，对新老员工和家政服务员进行多次而反复的、系统化的职业道德、服务技能、服务礼仪、工作流程、规章制度等方面的培训，只有这样才能确保门店运营始终保持高质量发展趋势。

二、家政门店店长的岗位职责

家政门店店长的岗位职责主要包括员工培训、制定销售策略、人文关怀、组织运营四个方面。

1. 员工培训

培训对于家政企业经营的重要性不言而喻。通过培训，可以提高从业者的素质和服务水平，化解矛盾纠纷，规范市场秩序，提升企业竞争力，有利于企业创新。

当前，家政服务业的从业人员普遍存在年龄较大、文化程度不高、专业技能水平不高等问题，这不仅影响了家政服务的质量，也给家政企业的声誉和业务发展带来了负面影响。为了解决这些问题，通过培训来提高家政服务从业人员的技能水平和专业素养，已成为一项必要的措施。培训可以帮助他们掌握更加专业的家政服务技能和技巧，使他们更加注重服务质量和客户满意度，还可以帮助他们更好地了解客户需求，从而提高客户的满意度和忠诚度。

开展员工培训是家政门店店长的主要职责之一。在履行这一职责时，首先要明确培训目标和培训内容，包括提高员工的服务水平、强化团队协作、学习业务技能、了解工作流程和规章制度等。针对当前家政服务业的现状，对于家政服务员的培训，还应重视职业定位和职业道德、服务礼仪、情绪管理、沟通技巧等。培训的内容既要有理论知识，又要有实操练习，受训者不仅要学会知识，知道为什么，还要学会技能，知道怎么干。培训可以采取线上线下相结合的方式。

明确了培训的目标、内容和方式后，店长就需要制订一份详细的培训计划，确保培训过程能够顺利进行并取得预期的效果。该计划应包含培训的时间、地点、参与人员、培训内容、培训师资、物料等。

在实施培训阶段，店长不仅要积极参与，还要引导和督促员工积极参与，以便达到最佳的培训效果。培训结束后，对培训效果进行评估也是至关重要的。评估可以采取多种形式，如闭卷考试、实操考核等。通过评估，店长可以获得有关培训的反馈，以便在未来做出相应的改进。

最后，家政门店店长还要跟进员工在接受培训后的实际工作表现，这有助于了解员工能否将所学的技能应用到实际工作中，并据此提供必要的指导和反馈。

2. 制定销售策略

销售是家政门店的核心业务和主要工作，销售策略是企业发展战略的重要组成部分，制定销售策略是店长最重要的工作职责和工作任务。通过制定有针对性的销售策略，家政门店可以更加精准地定位目标客户群体，避免无效的营销投入，从而降低营销成本，提升销售业务量。

根据市场和客户的需求，家政门店店长需要制定具体的销售策略，包括销售目标、产品定价、促销方式、销售渠道、发掘客户、售后服务、投诉处理等。

销售策略是在对市场态势和客户需求预判的基础上制订的企业销售工作行动方案，需要经过实际销售活动的检验才能证明其正确性和可行性。在销售策略的实施过程中，家政门店店长应定期审视和评估销售过程和销售业绩，对销售目标的达成情况进行分析，凡是切合市场特点和客户需求的策略就要继续执行，而对于评估中发现的问题应尽快找出原因、提出改进建议和优化方案。

3. 人文关怀

人文关怀是一种以人为本的管理理念，强调尊重员工、关注员工需求、促进员工发展、为员工提供心理支持和关注员工家庭等。这种理念注重人的情感需求，关注员工的心理健康和生活质量，通过为员工提供更多的支持和关怀，使他们能够更好地投入工作中，提高工作绩效和创造力。

鉴于家政服务业的特殊性，多数家政服务员是进入客户家庭提供家政服务的，与客户家庭成员接触较多，加上工作时间长、家务劳动繁杂，久而久之难免产生消极情绪，还可能因为工作失误而遭到客户投诉和埋怨。在这种情况下，家政门店店长应采取相应的人文关怀措施，积极疏导家政服务员的负面情绪，帮助他们分析客户投诉的事由，解决他们遇到的难题，在语言上、情感上与之产生共情，传递店长和企业对于家政服务员的关心和关爱，使他们产生战胜暂时困难的信心和勇气。

人文关怀还应该渗透在日常的生活和工作当中。首先，店长在平时应关注员工的兴趣爱好和特长。每个人都有自己的兴趣和特长，如果能够在家政门店工作中充分发挥出来，不仅能够提高他们的工作效率和质量，还能够增强员工对企业的忠诚度和满意度。其次，要注重培养员工的团队意识和合作精神。家政门店的工作需要团队协作来完成，家政门店店长应该通过各种方式来增强团队的凝聚力，如组织团队建设活动、鼓励员工之间的交流和分享等。再次，店长还应该鼓励员工对门店工作向店长多提意见和建议，让他们产生主人翁意识和工作的主动性，这种开放、民主的沟通方式也能够促进门店内部的交流和创新。最后，家政门店店长还应该为员工提供培训和发展的机会，家政服务行业日新月异，员工需要不断学习和提高自己的技能水平，以适应市场需求的变化。

通过实施人文关怀，家政门店店长可以更好地了解员工的需求和期望，有针对性地为员工提供支持和激励。同时，人文关怀还可以促进员工之间的交流和合作，增强员工的归属感，从而推动家政门店的稳定发展和持续创新。

4. 组织运营

组织运营主要是指对门店以业务活动为中心的各项工作进行规划和执行，以确保门店的高效运转和达成目标。

门店运营工作涉及如何科学配置人资、物资等，以及如何收集、分析、处理市场信息和客户需求，如何制订运营计划、搭建组织结构、制定业务流程及管理制度等。门店运营是企业实现目标、完成任务的主要途径，只有对企业所有可利用资源进行合理的配置和调度，才能保证企业有效运转并实现既定经营目标。

在工作内容上，组织运营包含了内部和外部两个方面。内部运营主要指门店内部的建章立制、员工招聘与管理、业务培训、家政服务员招聘与技能培训、门店文化建设等；外部运营主要指收集和处理市场与客户信息、开拓渠道和发掘新客户、宣传品牌和推广产品、业务洽谈与签约派单、提供服务和监督服务过程、处理投诉和纠纷、做好售后服务并维持客情关系等。

家政门店店长应具备丰富的家政服务知识技能以及良好的组织管理能力。在组织运营方面，家政门店店长要采取一系列必要措施来确保门店的有效运转和产生收益。首先，家政门店店长要制订明确的工作目标和工作计划，目标可以区分为远期目标、中期目标和近期目标，计划可以细化到年计划、季计划、月计划、周计划、日计划。不仅要有门店的工作目标和工作计划，而且还要有每个部门、每个员工的工作目标和工作计划。工作目标和计划要尽可能量化，并与销售业绩和个人收入挂钩，争取看得见、摸得着、可实施、可检查、可考核。其次，家政门店店长不能独断专行，要发扬民主，对于工作目标和工作计划的制订，要与员工充分沟通，听取大家的好建议、好想法，确保所有员工准确理解公司总部、门店、部门和个人的目标与任务，这样才能做到目标明确、任务明确、作用明确、结果明确、绩效明确，大家的工作积极性和主动性才能被最大限度地激发出来。最后，家政门店店长在组织门店运营工作时，要始终以提供高质量家政服务为宗旨、以"客户至上"为原则、以持续创收为目标，严密跟踪和监督服务过程和流程，密切关注和满足客户的多元化需求，不断改进服务流程和规范，定期进行服务员回炉培训，与客户保持良好的沟通和联系，持续提高客户的满意度和忠诚度。

三、家政门店店长的岗位要求

家政门店店长岗位的特殊性要求其至少应具备人力资源管理知识和能力、财务管理知识和能力、营销知识和能力、数字化技术应用知识和能力等。

1. 人力资源管理知识和能力

对于以人力服务为产品的家政服务业来说，员工的培训和再教育是开发服务人员潜力、实现企业增收、提高产品质量的重要抓手。

家政门店店长应从人力资源规划、招聘与配置、培训、绩效管理、薪酬福利管理和劳动关系管理等方面来提升自己的人力资源管理能力。

第一，人力资源规划是家政门店店长必须具备的能力之一。通过了解企业的发展目标和战略，他们要能根据家政服务业务需求和市场变化，合理地规划人力资源的需求与供给关系，并根据这些信息，综合考量客户需求量、家政服务员供给量和员工数量三者的匹配关系，制订门店的人力资源规划方案并加以落实。

第二，招聘与配置是人力资源管理的重要环节。家政门店店长应根据家政服务行业的特点和服务标准，明确所需岗位的职责和要求，并据此制订相应的招聘计划。店长应当通过多种渠道搜寻符合要求的候选人，并采用适当的评估和测试方法（如面试、背景调查等）挑选出最合适的员工和家政服务员。在进行人员配置时，店长需要依据员工和家政服务员的能力与经验，对工作任务和岗位进行合理分配，以便充分发挥员工和家政服务员的潜力和优势，确保工作的质量和效率。

第三，家政门店店长应有能力根据实际运营情况制订店员和家政服务员培训计划，培养员工和家政服务员的专业技能和服务意识，提高他们的工作能力和绩效。针对新员工，店长需组织入职培训，以帮助他们迅速掌握家政服务的技能与职业道德。而对于老员工，店长的职责在于提供具有针对性的培训及发展机会，推动他们持续学习，并争取达到更高的职业技能等级。

第四，在绩效管理方面，家政门店店长应能够制定明确的绩效考核标准，并及时与员工开展有效沟通与反馈。家政门店店长应对员工的绩效进行准确考核和公正评估，确保发现的问题能够及时得到妥善处理。

第五，家政门店店长须熟知薪酬管理的基本理念和策略，能够根据员工的工作效能和市场行情，公正合理地制定薪资标准，并根据工作任务完成的情况及时进行薪酬调整。此外，家政门店店长还要善于运用多样化的激励工具，如奖金、福利待遇等，吸引和留住优秀员工。

第六，劳动关系管理也是家政门店店长必须具备的能力之一。家政门店店长需要了解劳动法律法规和相关政策，确保员工的合法权益受到保护。家政门店店长还应制定员工手册和员工福利制度，并依照执行，以营造和谐的劳动关系。在管理劳动关系的过程中，家政门店店长需要与员工进行有效的沟通和协商，并处理投诉和纠纷。

2. 财务管理知识和能力

家政门店店长是家政门店的负责人，需要掌握必要的财务知识以确保经营的可持续发展和顺利运营。通常情况下，家政门店店长应要了解和掌握以下财务知识。

（1）成本控制。掌握成本构成与管控方法是家政门店店长必备的财务素养。家政服务行业具有人力资源密集性，其成本构成涵盖了人工费用、材料费用以及设备购置等方面。准确理解成本构成，采取有效的成本控制策略，将有助于家政门店降低运营成本，提升经营利润。

（2）增加收入。家政门店店长必须具备增加业务收入的能力。这涉及采用合理的定价策略、实施促销活动以及维护客户关系等方面的工作。在充分掌握市场和竞争态势的基础上，选择与之相匹配的定价策略，能够显著提升客户满意度以及企业在市场中的竞争力。

（3）财务报表分析。财务报表是记录和分析企业运营状况和财务稳健程度的重要手段。因此，家政门店店长应能够自主阅读、理解和分析企业财务报表，包括利润表、资产负债表及现金流量表等。通过财务报表的研读，家政门店店长可以及时发现企业在运营中存在的问题，并有针对性地调整经营策略，以实现财务稳健发展和经营效率的提升。

（4）现金流管理。现金流是企业经营的生命线。家政门店店长必须密切关注企业的现金流状况，以确保能够及时支付员工薪资、房租及水电气费用、采购家政服务所必需的生产材料的费用以及设备维护费用等重要开支。此外，应合理规划收款与付款的周期与时间点，以降低因现金流波动而产生的财务风险。

（5）税务知识。家政门店店长需要了解税务政策和规定，包括税率、税务申报和纳税义务等方面的内容。准确理解并遵守税务法律法规，将有助于减少税务风险，优化企业运营成本，从而实现企业的可持续发展。

（6）风险管理。家政门店店长应掌握风险管理的基本知识和方法，学会评估和规避潜在风险，以降低财务损失和经营风险。这些风险管理技能能够帮助家政门店店长在面对各种不确定性因素时保持冷静,并做出明智的决策,从而确保家政门店的稳健运营,提高其业务可持续性和竞争力。

(7) 融资。随着业务规模的扩大,家政门店店长可能需要借助融资来支持门店的发展。了解不同的融资渠道和融资方式,家政门店店长可以获得更多的资金来源,从而支持企业的长期发展计划。这些资金可以用于拓展新市场、提高服务质量、引进人才、研发新产品等方面,从而不断提升企业的竞争力和市场占有率。同时,通过合理的融资规划和管理,家政门店店长还可以降低财务风险,提高门店的可持续发展能力。

3. 营销知识和能力

营销工作是家政门店的核心业务,也是家政门店店长的中心工作。通过精心策划的营销活动,家政门店可以有效地吸引目标客户,提高品牌知名度和美誉度,进而促进业务拓展和市场份额提升。家政门店店长需要了解以下营销知识并具备相应的能力。

(1) 目标市场分析。家政门店店长应熟悉自己服务区域内的目标客户群体特征,包括年龄、收入水平、工作状况及家庭结构等。通过对目标客户的深入剖析,家政门店店长可以制定更具针对性的营销策略,从而增强营销效果,提高客户转化率。

(2) 竞争分析。家政门店店长须对竞争对手进行全面分析,掌握他们的服务特色、定价策略、销售策略以及市场份额等信息。通过对竞争对手以及市场竞争环境的深入了解,家政门店店长可以精准地制定出差异化的市场定位策略和竞争策略,以提升门店在市场中的竞争力。

(3) 产品定位与差异化。通过深入理解自身家政服务的特点和优势,可以有效地对产品进行精准定位。例如,提供具有高品质、独特性以及灵活性的服务项目,以满足不同客户群体的特定需求,从而在激烈的市场竞争中展现出与众不同的优势。

(4) 市场调研。家政门店店长必须定期进行市场调研,准确把握消费者对家政服务的需求与偏好,以及消费者在价格、服务质量、特殊需求等方面的关注点。通过对市场调研所获得的数据进行分析,家政门店店长可以制定出更能适应市场需求的营销策略,确定需要改进的服务方向。

(5) 品牌建设与宣传。家政门店店长必须高度重视品牌建设与宣传工作,通过精心策划的品牌形象、专业的服务团队以及优良的服务品质,塑造良好的门店形象和口碑。此外,还须借助多种线上线下宣传途径,如借助企业网站、微信公众号、广告等提升品牌知名度与曝光率。

(6) 客户关系管理。家政门店店长应重视客户关系的建立与维护工作,通过多种方式提升客户满意度和忠诚度,积极发挥口碑传播的作用。此外,家政门店店长应该及时响应并处理客户的反馈和投诉,以确保问题得到妥善解决,从而提高客户满意度。

(7)营销渠道管理。家政门店店长必须对不同的营销渠道有所了解,这些渠道包括但不限于线下渠道、合作伙伴以及电子商务等。每个渠道都有其优点和不足,也适用于不同的场景,选择营销渠道时,家政门店店长需要根据门店的实际情况和目标客户群体的需求综合考虑。深入了解和合理选择营销渠道,可以有效提高市场覆盖率和销量,从而实现营销目标。

(8)市场营销策略。家政门店店长应能够制定适合市场特点的营销策略,具体包括合理的定价策略、有效的促销活动方案以及个性化的服务套餐设计等。通过实施市场营销策略,可以激发潜在客户的兴趣,进而提升销售业绩和市场地位。

4. 数字化技术应用知识和能力

随着数字化技术的快速发展,越来越多的家政门店店长开始应用数字化技术来提高管理效率、优化服务质量和拓展客户渠道。当前,家政门店店长应掌握如下数字化技术应用的知识并具备相应的能力。

(1)客户管理系统。客户管理系统是一种集中存储和管理客户信息的工具,能够帮助家政门店店长更好地了解客户需求、记录服务历史、管理预约和联系客户等。通过客户管理系统,家政门店店长可以提供个性化的服务,提高客户满意度。

(2)员工管理系统。员工管理系统用于管理员工信息、排班、考勤、绩效考核等。通过员工管理系统,家政门店店长可以更好地安排员工工作,提高工作效率和服务质量。

(3)在线预约平台。在线预约平台可以提供服务项目选择、预约时间选择、支付方式等功能,提高了客户预约的便利性和准确性。客户可以利用在线预约平台,更方便地预约家政服务。

(4)移动应用程序。通过使用移动应用程序,客户可以随时随地进行预约、查询、支付等操作,增强了消费的便利性,提升了客户的体验感。

(5)智能家居技术。智能家居技术的引入与使用将为客户提供更加智能化的家政服务。例如,智能家居设备能自动完成家居清洁及安全监控等多项任务,有效提升服务效率及安全系数。

(6)数据分析工具。数据分析工具能够帮助家政门店店长分析客户需求、市场趋势等关键市场数据。通过数据分析,家政门店店长能够制定更具科学性的市场营销策略和经营决策,进而提高企业的市场竞争力。

(7)电子支付系统。电子支付系统为客户提供了便捷且安全的支付方式。通过整合电子支付系统,家政门店店长可以为客户提供方便的服务费用支付方式,使客户更快速、更安全地完成支付流程。

(8) 社交媒体平台营销。社交媒体平台为家政门店店长提供了更多与客户互动的机会,家政门店店长可借助社交媒体平台进行市场宣传与拓展、分享服务经验与专业知识,从而进一步拓宽市场,建立良好的品牌形象,维护与客户的关系。

第四章 家政企业的管理和运营

第一节 家政企业的开办

家政企业的开办通常要经历市场调研、选址、登记注册、人员招聘等流程。

一、市场调研

1. 市场调研的概念

市场调研是指为了做出特定的市场营销决策,采用科学的方法,以客观的态度对市场营销方案决策所需的信息,进行系统的收集、记录、整理和分析,以了解市场活动现状和未来发展趋势的一系列活动过程。

在消费者需求日益个性化、家政服务项目众多的情况下,家政企业想要顺利起步、稳妥发展,就需要了解当前的市场情况、未来的发展趋势以及企业自身的特点,这样才能找到符合自身条件的切入点,找准发力点,聚焦切实可行的项目,把家政企业一步一步地做起来。

2. 市场调研的步骤和方法

(1) 明确市场调研要解决的问题(主要包括市场容量、行业现状、行业痛点、行业发展方向、政府有关政策、客户需求等方面)。

(2) 设计市场调研方案(主要包括市场调研的时间、内容、方法以及市场调研结果分析等内容)。

(3) 市场调研的实施。进行市场调研必须采用科学的方法,常用的方法如下。

1) 观察法。观察法是指调查人员利用眼睛、耳朵等感官以直接观察的方式对调查研究对象进行考察并搜集资料。

2）实验法。实验法是指调查人员根据调查的要求，用实验的方式，将调查对象控制在特定的环境条件下，对实验进程进行观察以获得相应的信息。

3）访问法。访问法是社会调查的一种重要手段。访问可以分为结构式访问、无结构式访问和集体访问。其中，结构式访问是对事先设计好的、有一定结构的访问问卷的访问。结构式访问中调查人员要按照事先设计好的调查表或访问提纲进行访问，提问的语气、态度、方式要尽可能地保持一致。

4）问卷法。问卷法是指通过设计调查问卷，让被调查者填写调查表的方式获得调查对象的信息。将需要调查的资料设计成问卷后，可让调查对象将自己的意见或答案填入问卷中。

3. 市场调研的内容

新开办的家政企业应根据定位的不同选择不同的主营业务，以母婴护理服务、家庭保洁作为主营项目的居多，也有一些企业起步阶段就选择综合性服务项目。根据主营业务的特定内容，开办企业前在当地首先要做好市场调研工作，这样有利于后续门店选址、收费标准制定、人员组织、市场宣传等工作的顺利进行。以母婴护理、保洁服务、综合服务为例，家政企业市场调研需要了解的信息大致如下。

（1）以母婴护理服务为主。需了解当地妇产医院每年新生儿的出生量、妇产医院覆盖区域、产妇主要来源地；了解当地主营母婴护理服务的家政企业的门店数量、地址、收费标准和规模等，包括当地家政服务职业培训学校情况；了解当地母婴用品零售店和早教机构等相关机构的基本情况。

（2）以保洁服务为主。需调研本地的大型社区（居住规模在2万人以上）、新兴小区的位置，了解主城区各社区的基本情况和新建小区的基本情况，掌握本地主要保洁服务机构的门店数量、地址、收费标准和规模等。

（3）以综合服务为主。除了对以上内容进行调研外，对当地老年人比较集中的老小区和大型社区医院附近也要进行了解，重点关注老年人对家政服务的需求。

二、选址

1. 根据调研结果，针对不同主营业务内容进行开店选址。以母婴服务为主的门店，选址一般会在妇产医院附近。保洁、综合类家政门店，选址一般会在热闹的街道周围和人口密度较大的社区或商圈。选址同时要遵循交通便利的原则，以方便家政服

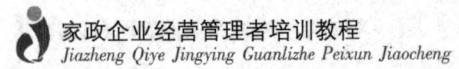

务员及客户到达，门店附近最好有地铁口、公交车站或停车场。

2. 家政服务接待门店营业面积一般为50～100平方米，运营前期可按照4个工位设计，门店至少应具备前台业务接待区、业务洽谈区。为加强管理、提升工作效率，家政服务员及管理人员应接受系统的培训，有条件的门店在选址时应考虑设立或预留培训场地。

3. 租赁的房屋应没有房产纠纷，租赁合同一般签署3年以上，房租应合理。

4. 一、二线城市在选址中以重点社区或商圈为主，三、四线城市除了重点社区和商圈外，可考虑在当地主要街道开设门店。

三、登记注册

在选定租赁场所并签订房屋租赁协议后，或自有场地可用于开设家政门店的，即可申请办理家政企业工商注册登记。

1. 公司类型家政企业的注册

创办公司类型的家政企业要求创办者具备一定的资金实力和管理能力。独立法人类公司一般分为个人独资、有限责任、股份有限责任、合伙企业等类型，通常的注册流程如下。

（1）确定公司开办地址及归属街道，确认管辖地。公司申请登记注册一般先在网上申报，登录各地工商行政主管部门网上服务平台进行操作。

（2）提供公司名称、开办地址、房产信息、股东人数、出资比例及身份证明、法人代表身份证原件或清晰正反面复印件、委托人身份证原件或清晰正反面复印件、监事身份证原件或清晰正反面复印件，选择公司经营范围。

（3）按照工商行政主管部门注册登记系统提示的流程进行材料提报，提报后等待审核，直至全部流程批复后，可持经办人身份证去行政服务中心打印纸质营业执照或选择免费寄递服务。

（4）如果公司经营范围包括人力资源服务的有关业务内容，则需要在办理营业执照后，到当地行政审批部门后置办理"人力资源许可证"，另外一般对注册资金和具有职业资格的从业人员人数还有具体要求。

2. 民办非企业单位的注册

家政服务行业中，许多以养老护理、日间照料、幼儿托育、职业培训等为主要服务内容的家政服务机构，是采用民办非企业单位的形式进行注册的。

（1）申请注册民办非企业单位应具备的条件。经业务主管单位审查同意；有规范的名称、必要的组织机构；有与其业务活动相适应的从业人员；有与其业务活动相适应的合法财产；有必要的场所。

（2）申请民办非企业单位所需要的材料。登记申请书、业务主管单位的批准文件或许可证、场地使用权证明、验资报告、拟任负责人的基本情况（包括身份证明等）、章程草案等。

（3）民办非企业单位的注册流程。符合条件的申请人向所在地民政部门或人社部门提出申请→民政部门或人社部门进行现场勘察、核查并做出决定→民政部门或人社部门向符合法定条件的申请人发放登记证书，并在一定时间内进行公示。

3. 家政服务中心类个体工商户的注册

个体工商户类型的家政服务机构投入少、规模小、灵活性高，适合资金实力不强、初入家政服务业的创业者。各地行政审批要求可能略有差异，注册登记的流程大致如下。

（1）负责人准备身份证，委托他人办理时需提供受委托人身份证和负责人授权委托书，到所在地街道办事处为民服务中心领取并填写名称预先核准申请书，通过核准后，领取企业名称预先核准通知书。

（2）提供经营场地证明。自有房产应提供购房合同、拆迁安置协议或不动产权证书，租赁房产除提供产权证明（房产为个人所有的需提供房权所有人身份信息和电话，房产为公司所有的需提供公司营业执照和联系电话，房产为社区所有的需提供社区名称全称、组织机构代码和联系电话）外，还需提供租赁协议。

（3）填写"个体工商户开业登记申请书"，等候审核，领取"准予行政许可决定书"后，领取营业执照。手续齐全的，一般现场即可办理领证。

四、人员招聘

确定经营地址后，在门店装修过程中，即可开展人员招聘工作。招聘的人员包括管理人员和家政服务员。

1. 确定业务岗位工作人员人数和岗位职责，设计薪酬制度，招聘管理人员及家政服务员。

2. 根据当地实际工资水平、消费水平和调研结果，结合运营成本，合理制定服务收费标准，装修期间即可对外公示。

第二节 员工的培训和管理

员工培训是提升员工素质、技术、能力水平,实现人员与工作相匹配的有效途径。员工培训的一个主要方面就是岗位培训,其中职业道德、岗位规范、专业知识和专业技能的要求被视为岗位培训的重要内容。员工上岗后也需要不断地进步和提高,所以要参加技术升级和职务晋升等方面的培训,以适应更高层次岗位的需要。员工培训工作非常重要,实践证明它是促进企业效益提升的一条有效途径。

家政企业经营管理者要转变员工培训是浪费人力、物力、财力的错误观念,要认识到,员工培训是企业的一种投资行为,是可以使企业获得长期综合收益的战略性举措,其重要性甚至比企业看得见的经营利润、设备投资更为重要。员工培训的方式要不断创新,可以开展专家讲授、典型案例分析、拓展训练、岗位技能竞赛等不同方式的培训。灵活、生动、活泼的培训方式更容易被员工接受,也能收到良好的培训效果,达到预定的培训目标。

一、管理人员的培训和管理

1. 建立员工培训系统

员工培训的内容应包括企业文化、管理制度、业务流程、工作技能等,要逐步完善员工培训的课程和教材。

(1)企业文化培训。家政企业应建立以"责任""爱心""热情"为核心的价值观,以不断满足人们对各种高质量家政服务的需求为使命,强化服务意识,提高服务质量,树立品牌形象。全体员工应共同努力推动企业稳定、健康、长久发展。对于所有新入职的员工,首先应该通过培训,让他们了解目前家政服务业的现状、所在企业的发展历程、企业价值观和企业文化、企业的发展目标等,以增强员工的自豪感。

(2)管理制度培训。家政企业经营管理者应组织新入职员工学习企业各项管理制度,使其明确相应责任义务,还应维护员工各项权益,保障企业日常工作的顺利开展。管理制度包括考勤制度、会议制度、培训制度、薪酬制度、人事管理制度、岗位职责、考核和奖惩规定、工作行为规范等。

（3）业务流程培训。业务流程管理是家政企业日常工作正常运行的必要保障。从培训到派工、从服务到结算、从售前到售后，所有业务流程的管理规定，必须通过培训让员工牢记于心并严格执行。已经使用现代化管理手段的、借助管理系统进行流程控制的家政企业，必须培训员工熟练操作信息管理系统。使用业务管理平台、在线签约系统、在线培训系统、家政诚信管理系统等是家政服务行业未来发展的趋势和必备的管理手段，家政企业应与时俱进，与员工共同学习成长。

（4）工作技能培训。家政企业经营管理者的职业化程度，与客户对该企业家政服务员服务专业性的第一印象和第一判断有直接关系。所以，新员工业务培训的主要内容之一，就是岗位职责的培训。特别对于业务前台接待岗位，不管是统一派工还是按不同工种分开派工，都应该熟练掌握对应的服务项目、服务内容、服务标准，并具备与岗位要求相适应的沟通、协调、组织、服务等工作技能。

2. 完善员工管理制度

员工管理制度应至少包含以下内容。

（1）员工行为守则。员工行为守则是规范员工工作行为的制度，是对员工日常工作提出的具体要求和考核标准。

（2）店面管理制度。店面管理制度是家政门店对于店面和店内形象，管理人员着装、礼仪、言语以及水电消防等安全措施的具体规定。

（3）岗位职责。明确各岗位具体工作职责要求，有利于员工明确工作目标，做好业务管理，提升服务质量。

（4）业务流程。明确人员招聘、技能培训、合同约谈、派工、结算、支付家政服务员工资等业务环节的流程和相关要求，保证业务工作顺利开展。

（5）档案管理。建立员工档案，完善个人信息，记录工作期间的工作能力、业绩、品德等情况，为调岗、晋升等人事管理提供相关依据。

3. 薪酬制度与绩效考核

（1）薪酬制度和福利。员工薪酬一般由基本工资、岗位工资、绩效奖励等组成。根据国家有关规定，家政企业应为员工缴纳社会保险费。根据国家有关法规并按照公司具体规定，员工可享受法定节假日、婚假、产假、丧假等，同时还可享受企业组织的各种文体活动、培训、旅游等福利。

（2）绩效考核。企业在做薪酬设计时，可设立不同岗位的经营目标，对员工进行绩效考核并给予绩效奖励。

二、家政服务员的培训和管理

家政服务业被视为朝阳产业，有一个良好的发展前景，但前提是整个行业必须走职业化、专业化的发展道路。这对于从业者的职业素质、服务技能和服务质量提出了更高的要求，家政服务员必须经过专业技能培训并考核合格后才能上岗进行服务。随着员工制家政企业的大力发展，家政服务员的全面、全程培训将会常态化，不断加强家政服务员的管理和再培训，是对家政服务员权益的维护，是提供高质量家政服务的前提和保障，更是现代家政服务业发展的要求和标志。

1. 家政服务员培训

（1）职业道德培训。家政服务业要实现健康有序发展，家政服务员职业道德的培养与提升尤为重要。家政培训，首先要让家政服务员认识到从事家政服务是一份正规的、光荣的工作。一位合格的家政服务员应了解相关法律法规，学习道德礼仪，掌握服务技能，注重服务形象，树立服务意识，发扬吃苦耐劳的传统，保持勤俭朴素的作风，弘扬敬业爱岗的精神，遵守行为规范，尊重客户，不泄露客户信息，为融入客户家庭开展工作做好充分准备。

（2）阶梯式专业技能培训。根据家政服务员的工作内容、工作时间、考核评价情况，逐步开展低、中、高不同级别的专业技能培训，不断实现理论和实践的结合，持续提升专业技能水平。

（3）培养复合型服务人才。未来的家政服务员需要具备多项服务技能，培养复合型家政服务人才是家政培训的正确方向。为了更好地服务家庭，增强就业竞争优势，在具备条件的情况下，家政服务员应掌握母婴护理、老人护理、家庭保洁、烹饪等多种服务技能，甚至还要学习宠物照料、整理收纳、插花、茶艺等高端技能。家政服务员持续提升个人综合素质，是其工作和经济收入连续性的保障，也是对家政企业业务发展的促进和行业职业化进程的推动。

（4）创新教学模式。培训家政服务员的传统方式是理论加实操。为了更好地让家政服务员对家庭服务有更深的感受和认知，有足够的入户服务的心理准备，教学模式应有所创新。比如，家政企业可不断积累服务案例，进行案例教学，有条件的企业可以设置情景教学区，加强实操训练。

（5）注重教学质量和培训合格率。企业应强化制度管理，通过健全预审教学计划、学员对授课教师评价、教案档案管理等制度，建立一套教师授课评价体系，这样才能保障教学质量。在日常培训管理工作中，也要加强对学员的管理，制定学员考勤制度和学员守则，保证学习质量，实现较高的培训合格率。要明确"培训为就业服务"的定位，努力为家政服务岗位输送合格的家政服务员。

（6）人才评价制度。2019年12月30日，国务院召开常务会议，决定分步取消水平评价类技能人员职业资格，推行社会化职业技能等级认定。人社部要求，2020年底前技能人员水平评价类职业资格全部转为职业技能等级认定并按程序退出国家职业资格目录。根据国家政策的调整和职业技能等级认定第三方评价的改革，家政企业今后应积极推进职业技能等级认定第三方评价和企业技能人才自主评价工作，形成"就业为评价把关，评价为培训把关"的机制，提升家政服务员的服务技能，满足家政用工市场的需求，规范家政服务业的发展。

2019年1月24日，国务院发布《国家职业教育改革实施方案》。教育部等四部门也随之制定了《关于在院校实施"学历证书+若干职业技能等级证书"制度试点方案》，在职业院校、应用型本科院校启动了"1+X"证书制度试点工作，面向社会遴选职业教育培训评价组织、开发职业技能等级证书。母婴护理、家务管理、家庭保健按摩、幼儿照护、产后康复等一批家政行业急需的职业技能等级证书入围其中，这为家政行业提供了正规的、含金量高的、具备完善标准体系的证书。家政企业和家政培训机构可派管理人员、培训讲师参加师资与考评员培训，按要求建设考核站点，组织从业人员开展相应证书的培训与考核工作。

2021年10月，中共中央办公厅、国务院办公厅印发了《关于推动现代职业教育高质量发展的意见》（以下简称《意见》），《意见》指出，优化职业教育供给结构，加快建设学前、护理、康养、家政等一批人才紧缺的专业，完善"岗课赛证"综合育人机制，把职业技能等级证书所体现的先进标准融入人才培养方案。这些举措有助于吸纳一大批职业院校的毕业生加入家政行业，对于促进家政行业产教融合、提质扩容、高质量发展具有十分重要的意义。

2. 家政服务员管理

（1）档案管理。家政企业经营管理者应为家政服务员建立完整的个人信息档案，以便于客户签约前查询。自家政服务员上岗开始，应建立服务档案，将家政服务合同、客户评价、工资单据、个人荣誉等收录档案中，作为家政服务员星级晋升和管理的依据。

（2）诚信管理。家政企业和家政服务员均应建立并完善信用记录，逐步建立家政服务信用体系。建立家政服务信用体系有利于保障家政企业、家政服务员和客户三方的合法权益，有利于提升企业管理水平，促进全行业的诚信经营，推动家政服务业治理体系迈向现代化。

（3）标准化管理。家政企业在家政服务员管理中应引入标准化管理的理念和方法，将重复使用的业务流程和管理制度转化为企业标准（可参照相关的国家标准、行业标准、地方标准），并将标准融入家政服务员的培训和服务管理中，提升家政服务员的职业化水平和家政企业的标准化水平。

（4）联络日与月例会制度。建立并持续实施各工种家政服务员联络日和月例会制度，是提升家政服务员团队凝聚力和归属感的有效举措，也是加强家政服务员工作交流、解决常见问题和进行心理疏导的有效途径。

（5）回访制度。家政企业应建立"双向"回访制度。既要回访客户，又要回访家政服务员，这有利于及时掌握服务情况，保证服务质量，提高客户满意度。家政服务员入户三天到七天时，家政企业经营管理者要对客户和家政服务员分别进行回访；在家政服务员服务过程中以及服务结束后，家政企业经营管理者也要进行回访。回访要做好相应的记录，回访可采取电话、上门、座谈等方式。

（6）合同管理。家政服务合同要对家政服务员有一定的约束性，保证其正常履行合同规定的义务。家政服务合同是关于母婴护理内容的，在时间上有其特殊性，家政企业要做好替班管理安排。

（7）行业大赛与技能评比。家政企业应组织家政服务员积极参与政府部门、行业协会、主管单位等组织的家政服务业技能大赛，这样可以不断提升家政服务员的技能水平和荣誉感，弘扬劳模精神和工匠精神。

第三节 家政服务的业务管理

开展家政服务业务是家政企业的核心工作。家政服务业务涉及的具体服务项目很多，如母婴生活护理、居家养老、医院陪护、家庭保洁等，对于这些项目的业务管理基本上包含如下内容：接待咨询、洽谈、面试、签订合同、收费、合同执行、服务回访、服务项目开发等环节。家政企业要对业务管理过程高度重视，尽快形成制度与流程，对业务岗位的员工开展培训并建立日常考核标准，定期组织检查与考核，使业务管理制度和流程得到有效落实，提高业务管理效果，提升家政企业的管理水平。

家政服务的业务管理内容主要反映在业务流程上，下面就按照业务流程进行梳理，对业务管理的重点环节逐一进行介绍。

1. 客户接待流程

（1）前台接待要点

1）了解客户的需求。工作人员应热情接待前来提出用工需求的客户。这里既包括到店客户，也包括通过电话咨询的客户。工作人员应了解清楚客户的姓名、联系方式、家庭住址、服务地点、服务需求、拟选择家政服务员的级别、提供服务的时间等，并做好详细记录，建议以表格的形式做好登记。

2）查看家政服务员档案信息。工作人员在登记客户信息后应立即查看家政服务员档案信息，搜寻合适的家政服务员。如暂时无人可以推荐，应向客户说明情况，待有合适的家政服务员时再推荐。

3）双向沟通对接。如有符合客户需求的家政服务员，工作人员应在与客户及家政服务员沟通之后，安排客户与家政服务员见面或线上面试。

4）签订服务合同。客户和家政服务员双方面谈了解清楚服务需求以及服务时间等细节后，双方若无异议，即可签订服务合同。服务合同是明确服务时间，服务内容，客户、家政服务员、家政企业三方权利义务的重要依据，家政企业经营管理者必须高度重视，认真拟订本企业的服务合同，清楚合同的各项内容，需要时也可请求熟悉家政服务业的法律人士参与服务合同的签订。家政企业经营管理者还要能针对客户、家政服务员的疑问对合同内容进行解释。

5）安排缴费。客户、家政服务员签订服务合同后，前台工作人员应主动指引客户到结算中心或通过在线支付软件进行缴费。

（2）电话预约要点。目前，电话、微信、App、QQ等是家政企业与客户和家政服务员联系的主要方式。接打电话时，工作人员的态度和专业程度会直接影响客户的体验和选择，所以工作人员要保持饱满的精神状态，设法让客户感受到专业与热情。

电话预约有以下几个要点。

1）礼貌地接听电话。接打电话开口要说："您好，这里是×××，很高兴为您服务。"要详细记录客户的要求，并认真填写客户信息登记表。

2）查询家政服务员人选。从家政求职人员信息库中查找符合客户需求的家政服务员。

3）互通供求信息。分别将客户和家政服务员的信息告知对方。

4）约定面谈时间。根据客户和家政服务员的时间安排，组织客户与家政服务员见面洽谈或视频沟通，双方协商一致后，签订服务合同。

2. 签约工作流程

（1）填写签约记录本。准备一个签约记录本，填写客户和家政服务员的详细地址、联系方式、签约时间等基本信息。签约记录本既可以是纸质版的，也可以是电子版的。纸质版签约记录本的书写要工整清晰、便于识别。

（2）签订服务合同。家政企业与客户、家政企业与家政服务员要签订双方服务合同，或客户、家政服务员、家政企业签订三方服务合同。填写服务合同时，字迹要清晰，签订日期要标注，电话号码、身份证号码等要清楚无误，各方经办人都需要签名。服务合同不应有空项，服务合同中如有未约定的事项或不需要填写的事项应用"无"字或长斜横线表示。服务合同由家政服务员和客户签订后，家政企业工作人员要予以审核。

（3）服务合同的补充与审核。如有其他约定，征得各方同意后可在服务合同中加以注明。在签订服务合同的同时，要填写一份客户信息登记表，需要填写的内容包括客户的姓名、联系方式、家庭住址、服务需求以及针对一些情况的承诺，如不得有传染疾病及可能对家政服务员构成伤害的情况。

（4）全程指导服务合同签订。在客户与家政服务员签订家政服务合同的过程中，负责业务管理的工作人员应全程关注，指导服务合同的签订，并做好解释说明工作。这对于各方理解服务合同的内容、履行服务合同约定的义务具有重要作用。

（5）整理归档合同资料。服务合同签订后要及时录入办公管理系统，每月要分类整理归档，纸质版合同应装订成册，作为备查资料以及出现纠纷时的处理依据。服务合同一般保留五年。

3. 缴费结算流程

（1）客户和家政服务员签订合同后，工作人员应引导客户到家政企业的财务部门进行缴费（或通过微信、支付宝等线上支付方式缴费）。

（2）财务部门按照服务合同约定收取费用，结算中的特殊情况必须报家政企业相关负责人签字审批。

（3）财务部门为客户及家政服务员开具收款凭据或发票。

4. 回访工作流程

回访是家政服务业务工作的一项重要内容，为了客观、公正地了解客户对服务的评价以及家政服务员的服务情况，需要进行"双向"回访，既要对客户进行回访，也要对家政服务员进行回访。

（1）按回访制度定期回访客户和家政服务员。一般在家政服务员入户服务后的七个工作日内进行第一次回访。

（2）回访客户时，回访内容包括家政服务员的守时情况、服务态度、工作流程、工作技能、服务结果等情况。针对各个服务项目，按照非常满意、满意、一般、不满意、非常不满意的标准进行评分，分值可以按照 10 分、8 分、6 分、4 分、2 分进行统计。

（3）对延续服务（一个月以上）或有其他原因需进行多次回访的，应视情况不定期进行回访。

（4）对重点客户或有必要及时了解服务情况的客户做随机回访。

（5）客户有特殊要求需上门回访的，需要先拟订回访意见，经分管经理批准后指派专人回访。

（6）整理回访记录

1）详细记录家政服务员工作情况及客户的满意程度。

2）及时妥善处理回访中发现的问题，处理有困难的，要详细做好记录并及时向分管领导及总经理反馈。

3）经分类汇总的回访记录和案例记录，每月月底前上交业务管理部门归档。

5. 合同延续流程

（1）受理客户提出的继续使用服务的业务。

（2）按服务合同规定办理续签服务合同和续费手续。

（3）对不按时续签服务合同、续费的客户进行动态管理，加强督促，确保服务合同签订与缴费及时完成。

6. 合同终止流程

（1）正常终止合同。服务合同到期，客户可以来到家政企业（或通过在线平台）直接办理终止合同相关手续，支付家政服务员工资，并缴纳服务管理费。

（2）非正常终止合同

1）属服务质量问题的，应为客户另行安排家政服务员，同时对责任家政服务员进行再教育、再培训，改进后视情况重新安排上岗。

2）属客户责任问题的，由客户缴纳终止费，原服务合同服务管理费不予退还。

3）属其他原因的，需要详细了解终止事由，并做好原因分析，同时督促责任者缴纳终止费。

（3）建立终止合同档案。终止合同档案的内容包括电话记录、客户和家政服务员终止合同的资料及相关处理意见等。

7. 服务项目开发

随着家政企业管理运营工作的稳步推进以及对市场新需求的了解，为扩大服务内容和增加收益，家政企业可以适时开发新的家政服务项目。

（1）市场调研。在新增服务项目之前一定要进行充分的市场调研。需了解清楚新增服务项目现有的市场供需状况、市场容量、收费标准、利润空间、投入成本、管理要求、政府政策等内容，并结合自身企业现有状况，决定新增服务项目的时机和投入。

（2）规范管理。新增服务项目要尽快建立和完善相关的管理制度、工作流程、服务标准、服务价格等，以形成规范有效的管理体系。

（3）专人专职负责。新增服务项目需要由专人专职持续推动，他应及时关注项目运营状况和市场反馈，出现问题应及时进行总结和改进。

（4）定期评估。要定期对新增服务项目的总体运营情况（包括团队推进情况、服务供需状况、成本收益情况等）进行评估，持续跟进，及时调整策略，以确保新增服务项目能够获得比较好的收益。

第四节 管理流程制定原则和管理制度落实方法

管理流程和管理制度是保证家政企业有效、健康运营的重要支撑。我国家政企业数量众多，目前规模小、管理弱是普遍状况，需要通过完善管理流程和管理制度来提高家政企业的管理效能。

管理流程和管理制度两者相互依存，共同发挥作用。管理流程明确了怎么做，管理制度明确了哪些能做、哪些不能做以及如何考核。

一、如何制定管理流程

1. 制定管理流程的原则

（1）切合实际。管理流程是指导具体业务开展和提供服务的重要依据，关键在于适用性和可操作性，需要让一线的工作人员和家政服务员参与到管理流程的制定过程中，才能梳理出最便捷高效的流程。可在充分征求各部门意见的基础上进行固化并形成管理流程。

（2）删繁就简。一提到管理流程，很多人都认为需要进行大量的研究，理论概念堆砌了一大堆，感觉很高大上，但掌握起来却非常有距离感。对于家政企业来说，管理流程越直白、越简洁、越适用就越好。最好是去掉冗余的文字描述，配上流程图，这样就能一目了然，便于学习和掌握。

(3)协调统一。管理流程的制定和执行通常不是单一的、孤立的,往往需要各个部门、各个工作主体之间相互配合才能完成,所以在管理流程的制定过程中需要各部门、各主体之间进行有效的沟通,这样制定出的管理流程才能在实际工作中顺畅地执行。

(4)持续优化。家政企业要不断发展,社会需求也会不断变化,所以管理流程就不能一成不变。要树立持续优化的原则,适时调整管理流程,让流程与时俱进。

2. 制定管理流程的步骤

(1)调研。制定管理流程时应重点围绕具体家政服务项目的内容和过程进行调研,通常情况下由相关部门主管与一线工作人员一起讨论,模拟服务项目的实际情景进行反复讨论和研究。

(2)整理。由相关部门主管结合调研情况,提炼、整理出各项工作的管理流程。

(3)编写。相关部门主管与办公室人员进行管理流程的编写,过程中要考虑到文字的通俗易懂以及相关部间的协调配合。编写出来的管理流程要易懂、易学、易执行,形成文字档案,装订成册,用于开展员工培训、考核、存档。

(4)优化。定期(一般为每年)组织相关部门人员对管理流程的适用性进行讨论,增补、修改、完善管理流程,持续进行优化以便适应新的变化。

二、如何落实管理制度

俗话说,"没有规矩不成方圆",家政企业要实现规范化、正规化、标准化和可持续发展,管理制度是必不可少的。如今,有关企业制度建设的内容非常多,这些内容都可以作为制定家政企业管理制度的参考。对于家政企业来说,管理制度包括的主要内容有对人的管理、对物的管理、对财产的管理等。例如,对人的管理包括工作人员考勤管理制度、家政服务员日常行为管理制度等;对物的管理包括办公用品使用管理制度、教学设备设施使用管理制度等;对财产的管理包括会计管理制度、报销管理制度等。

由于各个家政企业的服务内容和项目各不相同,所以要根据企业自身业务情况来制定各项管理制度,以便有的放矢地执行。对于企业长远健康发展而言,制定各项管理制度自然是重要的,但是如何落实管理制度却是更加重要的,也是更加困难的。

俗话说"一分部署,九分落实",管理制度制定出来之后的落地执行是令很多家政企业头疼的事情。往往会出现制度出台朝令夕改、执行过程虎头蛇尾的情况,最后结果可能就是管理制度一大堆、就是没人去执行。解决管理制度的落地执行问题,需要遵循科学的方式方法。

1. 领导必须以身作则

管理制度是规范企业发展、体现管理层意志的重要表现形式。管理制度的执行情况，很大程度上要看管理者自身对管理制度的敬畏和执行程度。如果管理者认为制度是给下属定的，自己不在约束范围之内，那么管理者就会经常违反管理制度，结果是上行下效，很难让员工心服口服地自觉遵守管理制度。

2. 管理制度需要反复学习

一项管理制度从制定到理解再到执行到位需要一个过程，想要缩短这个过程，就需要制度的制定者经常地组织有关人员开展培训，让大家明确制度要求和考核标准，不仅要学懂、学通、学透，更要记在脑子里、落实在行动上。

3. 加大检查考核力度

制度能否有效执行关键在于检查与考核。家政企业要建立有效的检查考核机制，每个部门的主管负责日常检查与考核，分管副总或总经理随机对制度落实情况进行检查与考核。考核要形成逐级负责、连带考核的机制，让每个人都负起责任。检查结果应与绩效考核和激励机制挂钩，并制定相应的奖惩规定。

4. 逐步养成自觉习惯

制定管理制度的目的是让全体员工养成有利于企业发展的工作习惯，所以应在全公司范围内进行反复宣教和培训，公司领导要率先垂范，中层干部要以身作则，普通员工要自觉遵守。通过常态化的培训学习、持续的检查考核，能够强化全体员工的制度意识和规则意识，管理制度就会自然而然地固化为员工的自觉行为。

第五节　家政企业的财务管理

财务管理是企业管理的一个重要组成部分，是根据国家有关财经法规制度，按照企业规定的财务管理原则，组织企业财务活动，处理财务关系的一项经济管理工作。

家政企业经营管理者在经营和管理家政企业时，必须非常重视公司的财务管理工作，这是家政企业健康、持续运营的保证。

一、会计与财务管理

1. 会计的定义

企业财务会计又称对外报告会计,其基本职能是通过一定的程序和方法,将企业生产经营过程中大量的、日常的业务数据,经过记录、分类和汇总,定期编制通用的财务报表,向与企业有经济利害关系的投资人、债权人和政府有关部门提供企业的财务状况、经营成果、现金流量和盈利能力等经济信息。

传统观点认为会计就是记账和报税。随着家政企业的业务内容日益复杂,家政企业经营管理者对财务税务进行科学管理变得越来越重要。这是因为,只有在财务报表上才能最集中、最准确、最全面地记录和反映企业的经营状况。所以,作为现代服务业的家政企业,其财务会计需要以货币作为主要计量单位,运用专门的会计理论、方法与技术,对企业生产经营活动的过程与生产经营活动的成果,连续、系统、全面、综合地记录、计算、核算和监督,并进行科学的分析与预测,向投资者、债权人和家政企业经营管理者等各方面提供准确信息,以便促进家政企业不断改善经营管理、提高经济效益。因此,为规范企业发展,家政企业一定要聘用专业的会计人员。

2. 会计的职能

会计是家政企业经营管理者对企业实施财务管理的主要助手和专业人员,其基本职能就是会计核算和会计监督。

会计核算是通过记录、计算、归类、整理和汇总大量的经济业务,并通过记账、算账、报账等程序,全面、完整、综合地反映经济活动过程和结果,为经济管理提供有用的信息。

会计监督主要是以国家的财经法规、政策、制度、纪律和会计信息为依据,对将进行和已经进行的经济活动进行合理合法的监督。会计监督按其与经济活动过程的关系,分为事前、事中和事后监督。

可以将上述两个方面的内容细化,分解为"六个职能":反映经济情况、监督经济活动、控制经济过程、分析经济效益、预测经济前景、参与经济决策。

通过会计核算,家政企业经营管理者可以了解企业的经营和收益情况,审核预算的制订和执行情况,把控绩效考核和激励机制,做好税赋的筹划,为企业的经济运行提供决策依据。通过会计监督,可以及时发现财务管理上的漏洞、积极预防财务风险、有效防止出现财务危机。

3. 会计的岗位要求

会计作为一个企业的核心岗位人员，对于企业的经营管理具有非常重要的作用。除了应具备诚实守信、忠于职守的职业道德外，其职业的专业性也要求会计必须具备专业的能力。

（1）遵守财经纪律，执行财务制度，严格执行《中华人民共和国会计法》。

（2）熟练掌握相关财税政策，对企业涉税风险能及时做出预警。

（3）工作细致、严谨，具有较强的工作热情和责任感。

（4）熟悉办公软件和财务软件，并熟悉税务、工商、银行的办事流程。

（5）能独立核算企业的财务工作、各种税费的计算和缴纳工作，编制各类会计报表，按时报送各相关部门。

（6）负责向各政府机构申请税收优惠或财政补贴所需的财务数据统计、整理，并合理规范使用政府的专项资金和补贴。

（7）具备对公司成本费用的预测、计划、控制、核算、分析和考核能力，能够督促公司相关部门降低消耗，节约费用成本，提高经济效益。

4. 如何选用会计

正规的家政企业应该通过社会招聘等方式，遴选具有专业会计知识、良好职业素养、忠于职业操守的专业会计师。

二、规范财务管理工作

目前家政企业处于行业发展的初级阶段，普遍规模较小、人员较少、业务相对简单，尽管如此，家政企业依然要规范企业的财务管理，只有这样才能使企业健康持久地发展壮大。

1. 完善财务管理制度

（1）遵守国家财经法律法规的相关规定。《中华人民共和国公司法》《中华人民共和国企业所得税法》《中华人民共和国会计法》《企业财务通则》等财经法律法规对于规范企业财务行为、提高财务管理水平具有十分重要的意义，在企业财务管理工作中，家政企业应主要从以下几个方面着手。首先，财务人员要认真学习财经法规的相关规定，熟练掌握并运用财经法规的基本内容，不断提高按法规办事的自觉性。其次，应严格遵守财经法规，在实践中加大法规贯彻力度，把财经法规贯穿于日常财务管理工作中，形成人人讲制度、人人守制度、人人按制度办事的良好风气。最后，建立良好的财经运行秩序，把法规的执行落到实处，形成依法规办事、靠制度管理资金和物品的良好工作秩序。

（2）完善内部财务管理规章制度。在履行国家财经法规的基础上，企业内部还必须规范运作程序，加强内部控制。比如，在会计核算上，应该根据经济业务的实际情况，科学设计内部业务流程，一方面完善资金使用、凭证审核和账务处理等规章制度；另一方面完善票据管理制度，在票据的购入、开出、核对以及回收等环节建立票据台账，形成全方位的内部控制制度。

2. 提高财会人员综合素质

提高财务人员的综合素质，家政企业可以从以下几个方面入手。首先，强化关于财务人员管理的内部制度，采取激励与约束相结合的机制，避免违法行为的发生。其次，要重视财务人员的职业道德教育，增强他们的法制观念，使他们爱岗敬业、诚实守信、办事公道。对工作不负责任、违法乱纪的财务人员，应根据结果轻重采取批评教育、就地免职、除名等措施，甚至追究法律责任。最后，要加强对会计人员的培训（培训内容不仅包括财务知识，还包括国家新的政策和法规），督促他们不断更新理论知识，规范账目处理和财务管理行为。

3. 强化资金管理

（1）筹资管理。在筹资管理方面，企业必须了解资金运动的规律，在日常工作中选择合理的筹资渠道，降低资金成本，正确运用负债经营，合理安排负债资金的比例，建立债务资金管理制度和财务风险预警机制，将财务风险控制在一定的范围内。企业通过各种途径取得资金后，还要正确使用资金，比如建立内部资金调度控制制度，明确资金调度条件、权限和程序，统一筹集、管理和使用资金。只有这样，才能提高资金使用的经济效益，加速资金周转，实现企业价值最大化。

（2）投资管理。在投资管理方面，企业在编制预算时应该参考前几年的年度预算目标以及目标达成情况，并加强与业务部门的沟通，不能认为预算编制只是财务部门的事情。预算编制完成后，大项和特殊项投资应报业务部门审定，待审核通过后，公司财务部门再根据资金情况下达支出计划。另外，要加强对固定资产的管理，定期对企业资产进行全面核查，避免固定资产没有建立台账、明细账，杜绝没有领用记录、捐赠的资产不记账等问题。

（3）营运资金管理。资金周转的效率影响着资金的使用效果，现金流在很大程度上会制约业务工作。对于营运资金的管理，除了要保证资金的正常运转外，还要尽量缩短营运资金的周转周期。通常而言，中介制家政企业所需资金不多，营运资金的周转周期也不长。如果家政企业代收家政服务员工资，那么家政企业应及时足额发放工资，不能拖欠甚至挪用，导致出现不良的连锁反应，或者影响到正常业务的开展。

（4）加强信息化建设。信息化建设是信息时代全社会经济发展对会计工作提出的必然要求，实行企业信息化是提高企业工作效率的有效途径。现阶段会计电算化的实施为各类经费更加科学的核算和各类专项资金的管理，为及时查询财务数据、做出正确决策创造了条件。现有家政企业一般都采用了电算化软件，但在与企业其他经营环节的衔接上还有所不足。加强信息化建设主要包括：在原有电算化软件的基础上，将财会这一部分与企业经营的其他方面（如采购、生产、销售等）更好地结合起来，缩短整个企业的市场响应时间，提高企业内部的管理效率。

三、防范财务风险

企业出现财务风险，往往与企业资金管理混乱有关系，而资金管理上的混乱又是与企业银行账户的开设和管理存在违规或不合理密切关联的。有一些小微型家政企业为节约运营成本，会计和出纳的工作由一个人承担，这为资金管理混乱埋下了伏笔。作为家政企业的会计，应关注国家在此方面的相关规定和要求，守住底线，协助家政企业经营管理者建立健全企业的财务管理制度和财务风险预防机制，防范企业出现财务风险。

鉴于我国家政企业规模小、人员少、中介制等特殊性，家政企业要在以下几个方面做好重点防范工作，以免出现财务风险。

第一，要管理好账户，包括对公账户以及法人、会计、出纳的个人账户。

第二，业务要真实、记账要规范，并按照有关规定保存各项账簿。

第三，要做到"三流"一致，即货物流、资金流和票据流在内容、数量、名称、流向、时间等方面保持相关性和一致性。

第四，采取预算制管理，做好财务规划，避免资金链断裂的情况出现。

第六节 安全管理、投诉管理和风险防控

一、安全管理

家政行业的固有特点决定了家政服务过程中存在较多安全隐患和安全风险，所

以家政企业经营管理者应对家政服务的安全管理给予特别的关注，应提前准备好防范预案及应急措施，加强家政服务的过程监督，落实好安全管理的各项措施，防患于未然。

1. 安全管理的内容

家政企业面临的安全问题比较多，哪怕是一丝疏忽都可能酿成无可挽回的损失。因此，家政企业经营管理者对此应给予足够的重视。

（1）人员安全。家政服务工作的特点是家政服务员需要进入不同的家庭提供服务。在这个过程中，家政服务员在往返客户家途中或者在客户家中都可能发生自身出现意外的情况，也可能在服务过程中给客户家庭带来人身的伤害或财产方面的损失。

（2）经营场所与居住场所安全。在家政企业用于办公、培训的场所以及家政服务员公寓等场所，要注意水、电、燃气、暖气等的安全使用。

（3）设备设施安全。家政企业的办公、教学、实训等方面的设备设施，在使用、维修过程中可能出现设备设施损坏、漏电、漏水、破损等情况。

（4）食品安全。家政企业在做员工餐的过程中，以及家政服务员在做家庭餐的过程中，都会涉及食品安全方面的问题。

（5）财产安全。家政企业在经营过程中因追求规模化经营而盲目投资时，或者是在线上线下资金收支时，或者是在为客户提供家庭服务的过程中，都可能出现家政企业、家政服务员或客户的财产安全问题。

（6）信息安全。信息安全涉及家政服务员、客户以及家政企业内部的数据信息，应确保这三个方面的资料和信息不泄露。

2. 安全管理的实施

家政企业的安全管理应作为企业常态化管理的重点内容之一，家政企业经营管理者应认识到这一点，并用科学的方法去落实安全管理的工作。

（1）建立管理制度。针对可能涉及的安全管理内容建立相应的管理制度，明确管理内容、职责和考核制度。

（2）制定规范流程。根据安全管理制度制定相应的规范流程，确保安全管理制度能够落地执行、便于操作。

（3）加大培训力度。定期组织有关人员进行安全管理制度以及规范流程的学习和练习，以提高他们的安全意识和责任意识。

（4）加强检查考核。定期或不定期地对安全管理工作进行检查与考核，及时发现并处理安全隐患，以避免安全问题的发生。

二、投诉管理

家政服务业务中通常是家政服务员进入家庭开展家政服务，涉及的是人对人的服务。由于家政服务员的服务质量受到自身身体状况、情绪、态度和技能水平等因素的影响，而接受服务的客户也存在对家政服务技能、服务态度定位和认知上的差异，两者共同发挥作用的情况下，就导致家政服务过程中很容易出现纠纷与矛盾。

为有效、合理地处理投诉，家政企业经营管理者应按照一定的流程去处理。通常情况下，投诉处理的流程如下。

第一步：认真接待、接听客户或家政服务员的投诉，详细了解投诉内容。

第二步：做好投诉记录，包括投诉内容、地点、方式、诉求、投诉接待人等信息。

第三步：联系被投诉方了解情况，全面获取并分析投诉方与被投诉方所反映的情况。

第四步：对投诉事由做出判断，拟订投诉处理意见。

第五步：分别与投诉方和被投诉方进行沟通，或者同时约投诉双方进行三方沟通，摆事实讲道理，分清是非曲直，区分责任，在投诉事由的真实情况上获得共识，协商处理办法。

第六步：如果属于家政服务员的责任，应对其进行批评教育，必要时采取经济处罚，情节严重的应立即终止其工作，涉嫌犯罪的移交公安部门处理。如果属于消费者（客户）的责任，应与其耐心沟通，为家政服务员争取合法合理的权益，赢得客户的尊重，情节严重的可终止服务合同，并根据合同约定索求赔偿，涉嫌犯罪的应向公安部门报案。

第七步：对重大的或不能当场识别和判断的投诉，应及时向上级主管汇报，并配合公司在深入调查的基础上妥善处理。

第八步：投诉处理结束后，应将所有记录和资料整理归档。

在投诉处理的过程中，应遵循"谁的业务谁负责"的原则，这是因为具体业务管理人员对客户和家政服务员的情况比较了解，利于沟通协调。业务管理人员对投诉处理要高度重视，厘清事实，妥善化解，善于归纳总结，举一反三，做好投诉的预防及处理工作。同时，要及时向公司业务主管报告投诉处理的进展和结果，便于统筹安排，有效处置。

三、风险防控

家政企业在经营过程中,因其服务时间、服务场所、服务对象、服务形式的特殊性,可能存在较多的风险点。情节较轻的风险点可能造成客户或家政服务员财产损失,情况严重的风险点甚至可能影响家政服务员、客户家庭成员的人身安全,所以家政企业经营管理者对于家政企业可能面临的风险应有所了解,并做好防范与应对的思想准备、知识准备、物质准备。

1. 服务风险的防控

服务风险是指家政服务员在工作期间或上下班途中自身发生意外所导致的人身安全风险,或者第三者(主要是指客户家庭成员)对家政服务员造成的人身或财产安全风险,以及家政服务员对第三者造成的人身或财产安全风险。

为降低服务风险给家政企业和家政服务员带来的损失,家政企业经营管理者应树立保险意识,在家政服务员进入家政企业工作时,立即组织家政服务员办理意外伤害险及第三方责任险,必要时也要购买雇主家庭财产险。家政企业要建立家政服务员保险档案,并做好登记,提醒其每年按时续保,使家政服务员在服务期间的人身和财产安全有所保障。

2. 合同违约风险的防控

家政企业与客户、家政服务员之间签订的服务合同具有法律效力,家政企业应督促客户和家政服务员在行使各自权利的同时履行各自的义务。但是,在某些情况下,由于事先没有进行充分沟通或者出现不可预见和不可抗力的情况,客户和家政服务员因为某种原因而出现不履约或者不能继续履约的现象,有的极端情况甚至是家政服务员不辞而别,导致客户的权益受到损害,这时就出现了合同违约的风险。在这种情况下,家政企业应尽早介入进行调解和处理,及时解决问题,避免事态继续发酵扩大。同时,应根据需要咨询熟悉家政服务业的律师,以便能够从法律角度维护相关各方的合法权益。

3. 价格风险的防控

买卖公平、价格公道一直是全社会所崇尚的经营之道。家政服务业牵涉到千家万户,其服务价格是一个非常敏感的问题。根据国家有关规定,家政企业应在经营场所(包括网站、App、微信小程序等互联网平台)醒目位置公开服务项目、收费标准及投诉监督电话等信息，特殊情况下，还需要提前向物价局报备。如果没有在服务场所公开此类信息，导致与消费者（客户）发生纠纷甚至诉讼，就有可能涉嫌价格欺诈，为企业带来不必要的法律风险。

4. 经营风险的防控

随着科学技术的快速发展，社会经济生活更加丰富，家政服务市场竞争日趋激烈，家政服务的供需变化、家政产业的数字化升级转型，都会给家政企业的经营带来各种风险，这就要求家政企业经营管理者及时了解家政产业发展的大趋势，把准市场需求和服务供求的变化方向，及时了解和准确领会各级政府关于家政产业发展的相关政策和要求，加强企业内部管理，有效调动员工和家政服务员的主动性和积极性，提升家政服务技能和工作效率，增强高质量服务的意识，做精做优企业的优势服务项目，形成企业特色的品牌效应，赢得消费者的信赖，从而达到积极主动防控经营风险的目的，使自己的企业始终立于不败之地。

第七节　营销管理

企业的经营管理是一个系统工程，包含了方方面面和多个环节，其中营销是一个非常重要的方面和环节。如果一个家政企业要实现业务的稳定增长，就必须认真地做好营销工作，从口碑营销、品牌营销到产品营销等，都要精心设计、仔细策划、落地实施，这样才能达到预期效果。在营销过程中，家政企业应该根据自身条件和市场情况，重点关注并确定营销原则、营销内容及营销方式。

一、营销原则

家政企业营销的目的是获得更多客户，并吸引更多家政服务员。营销时需要推广本企业的文化和理念，以便提高品牌知名度，让更多的客户和家政服务员对家政企业建立信任，稳步持续扩大服务量、服务范围，从而实现社会效益和经济效益的双丰收。

1. 诚信为本

家政服务是进家服务，客户检验的是服务质量和服务效果，提供让客户满意的服务是关键。家政企业做营销最应看重的是自身的服务品质。因此，家政企业经营管理者一定要在家政服务员的服务质量和家政企业的管理水平方面下功夫。要以诚信为本，持续提高职业化水平。依靠诚信服务形成良好的口碑，从而得到客户自动自发的传播推广。这样的营销方式既让人认可，又可以持久。

2. 广泛宣传

为扩大家政企业的品牌影响力，吸引更多的客户选择本企业的服务，需要对现有的服务项目进行梳理、提炼、策划和推广。既可以对家政企业整体情况进行宣传，包括企业的创办情况、企业文化、主要服务项目和优势，也可以对重点服务项目进行宣传。当前，消费者对简单直白的服务项目推广存在排斥的情况，尤其是与家庭密切相关的家政服务，推广时需要融入更多的故事情节，采用文化导入等方式更能引起消费者的共鸣，相关家政服务也更容易被消费者选择。

3. 全员营销

营销并不是某一个部门的事情，家政企业经营管理者要树立全员营销的意识，培养全员营销的能力，让企业的每个人都熟练掌握业务特色、企业文化，以便他们在不同场景与人沟通交流时，都能够清晰、准确地将家政企业的优势与特色服务推介出去。

4. 持之以恒

家政服务的营销推广需要当作家政企业的一项重点工作持续推进。由于消费者群体的不断变化，家政企业需要向消费者表达的内容也在不断变化，需要家政企业持续寻找企业自身的亮点、热点进行营销。

二、营销方式

随着互联网及自媒体的兴起，家政企业的营销也随之产生了更多的方式。针对不同的群体，可以采用多种方式开展营销活动。

1. 网络自媒体宣传

网络自媒体包括网站、微信、微博等。这种基于互联网的营销方式的特点是传播速度快、范围广，年轻人和中年人关注得比较多。

2. 传统新闻媒体宣传

通过电视台、报纸等传统新闻媒体对家政企业或服务项目进行宣传推广，这种方式具有更强的公信力,不过需要支付一定的营销费用。

3. 展板展牌宣传

在消费者流量比较大的场所以及家政企业自营场所的显著位置,制作安装能够体现家政企业特色的展板、展牌,进行企业及业务宣传。

4. 活动宣传

通过组织晚会、研讨会、广场活动、技能竞赛、社区活动等对企业的业务产品及文化理念进行推广宣传。

5. 口碑宣传

口碑宣传是成本最低、最有效的营销方式之一。让客户以及家政服务员对企业有信任感、依赖感,愿意把使用服务的感受和工作的快乐与周边的人分享,影响和带动更多的人选择服务,或者加入家政企业从事家政工作。

第八节　会议和内部沟通

在家政企业的经营管理中,会议和内部沟通是统一思想、提高工作效率、实现资源整合、增强团队战斗力和执行力的重要且有效的方式。

一、会议的类型

根据不同的管理目标和管理内容,家政企业常规的会议可分为以下几类。

1. 早班会

早班会是家政企业各部门或全公司每天在开展正常工作前召开的会议。早班会的主要内容包括:总结前一天或前一段的工作,安排布置当天或最近几天的工作;传达公司的文件精神或工作要求;典型案例分析;业务知识学习;等等。早班会可以由部门负责人主持,也可由部门人员轮流主持。

2. 专题会

专题会是围绕某一主题进行研究讨论并拿出解决办法和实施方案的会议,如收费标准调整专题会、业务流程优化专题会等。参会人员可以是家政企业一个或几个部门的员工，也可以是全公司员工。

3. 总结会

总结会是一个部门或全公司在某个时间节点召开的以总结工作为目的的会议。通常来说，会议会对季度、半年或全年的工作进行总结和梳理，归纳和总结经营工作中成功的经验，分析和汲取经营工作中失败的教训，对下一个时间段内的工作做出部署和安排，并要求各部门和员工针对公司、部门的工作重点制订各个部门或员工自己的工作计划和工作目标。

二、会议的要求

为提高会议效率，应做好以下几项工作。

1. 做好会前准备

通知有关人员准时参会，并将会议主题提前进行布置，以便参会人员能够提前思考，做好开会准备。

2. 确定会议主题

不开没有主题的会议，提前制定会议议程，聚焦主题进行讨论交流，拿出有效的方案或结果。

3. 做好会议记录与存档

安排专人对会议情况进行记录，并形成会议纪要。做好参会人员的签到工作（必要时可以拍照或录像、录音），并做好会议档案资料留存工作。

可以根据不同的会议形成各自的会议记录，定期（半年或一年）进行分类汇总装订，或形成电子档案，标注清楚会议记录的类型和时间。

4. 落实会议决定

开会的目的是更有效地执行，每次会议形成的决议和解决方案应由专人跟进落实、督办检查，对落实情况进行汇总并向有关部门负责人汇报。

第九节　标准化与信息化管理

家政企业要想做大做强，实现快速发展，就必须走职业化发展道路，而职业化的重要基础和根本标志就是标准化与信息化。

一、标准化管理

标准化是指在经济、技术、科学和管理等社会实践中，对重复性的事务和概念，通过制定、发布和实施标准达到统一，以获得最佳秩序和社会效益。公司标准化是以获得公司的最佳生产经营秩序和经济效益为目标，对公司生产经营活动范围内的重复性事务和概念，以制定和实施公司标准，以及贯彻实施相关的国家、行业、地方标准等为主要内容的过程。

标准化是一种科学有效的管理工具，能够帮助家政企业从"量"的积累到实现"质"的飞跃，从而养成良好的习惯。

1. 确立家政服务标准化管理理念

开展标准化工作需要经历从模糊到清晰、从局部到整体、从认识到理解、从运用到创新的过程。

（1）规范管理制度和工作流程。在充分调研、总结的基础上，形成最初的标准化制度，要对每个环节的工作内容和要求做出明确规定，使家政业务得到梳理与规范，促进工作效率和服务质量的提高。

（2）积极参与省级、国家级服务标准化试点项目建设。积极参与省级、国家级服务标准化试点项目建设，有利于加快家政企业的标准化建设。

（3）全面建立家政服务标准体系。通过试点建设，遵循"简化、统一、协调、优化"的标准化原则，围绕家政企业特点，将每个环节、每个服务流程、每个岗位的要求总结提炼成相关的标准，建立一整套覆盖管理、服务和经营的全过程、全方位的标准体系。为更好地建立标准体系，需要按照质量标准、管理标准、工作标准三个子体系进行梳理，将流程类的标准列为质量标准，将制度类的标准列为管理标准，将岗位职责类的标准列为工作标准。三个子体系相互支撑，共同发挥作用。

（4）宣贯实施家政服务标准化体系。标准化工作的关键在于落实，需要将质量管理中的计划、实施、检查、改进循环融入标准实施中,解决标准落地的问题。

2. 推进标准化工作

(1) 开展标准化知识普及教育。结合各工种各岗位的标准,进行有针对性的培训,并将标准化知识培训与工作人员和家政服务员的上岗培训、升级培训有机结合起来,融为一体,提高大家对标准化知识理解的高度、执行的力度,让标准化知识深入人心,内化为自觉行动。为保护消费者合法权益,还需要开办客户课堂,让客户了解标准化知识,知道该如何验收家政服务,达成服务双方的共识。为了宣传家政服务标准化知识,还可以利用现场展示、网站推广、媒体报道等形式,进行广泛的宣传和报道。让标准化成为工作人员工作的"指导书"、家政服务员服务的"工具书"、客户使用服务的"说明书"。

(2) 对标准化执行情况进行检查测评。结合家政服务业的特点,开展家政服务员进家服务情况调查,对家政服务全过程进行跟踪、测评。将跟踪、测评结果与工作人员和服务人员的工资奖金、升职升级、评先树优挂钩,激发全员执行标准的自觉性。同时,加大检查与改进力度,对发现的问题及时纠正和处理,使服务质量和工作效率不断提高,使标准化运用效果得到提升。

(3) 不断提高标准的适用性。开展标准化工作,要与已有的管理制度、管理体系有机结合,并做到继承发扬、持续改进、不断完善、与时俱进,只有这样,制定的标准才是生动的、适用的,才能切实体现标准化的价值。为此,需要在已有标准的基础上,不断搜集整理家政服务员的成功案例,总结提炼成工作方法,充实到各服务工种的标准中去,并结合实践不断改进和完善标准,提高适用性。

3. 落实标准化工作的要点

(1) 标准化工作必须由企业负责人亲自抓,全员共同参与。服务标准化工作要实现顺利开展、快速推进,企业负责人必须对标准化工作高度重视,并亲自抓落实。只有领导高度重视标准化工作才能提高全员的参与主动性,而且领导对标准化工作理解的高度和认识的深度也直接影响着标准化工作的推进。全员参与是保证标准化工作全面推进、形成实效的重要方式。

(2) 标准化工作是一个动态改进的过程。标准化是将原有管理体系梳理、提炼并持续改进的过程。标准体系的建立并不是将公司原有的管理体系全部抛开后建立新的系统,而是对公司原有管理体系归纳梳理后的规范与提炼,应该采取"继承与发扬"的方式,按照标准化的要求制定标准,搭建标准体系。

(3) 标准化工作需要一个确保落实的机制。制定标准的最终目的是指导工作,最重要的是落实。因此，搭建标准体系后的检查和落实是至关重要的，会直接影响到标准化管理的有效性。将质量管理中PDCA循环管理的思想（按计划、实施、检查、处理四个阶段循环不止地进行全面质量管理）融入标准化中，可以更好地解决标准化落地的问题。

二、信息化管理

随着计算机技术、网络技术和通信技术的深入发展和广泛应用，家政企业进行信息化管理已经成为实现可持续化发展和提高市场竞争力的重要途径。

家政服务业作为一个传统的人力资源密集性高的服务行业，具有企业规模小、服务项目多、产品非标化程度高、供需双方信息匹配难度大等特点，在这种情况下，信息技术作为一种工具，可以帮助家政企业提高工作效率和管理效能。

要实现信息化管理，首先必须进行信息化建设。自主开发一整套完备的信息化管理系统，投入非常大，试错的风险也很大，牵扯的精力会很多，一般的中小微家政企业是难以做到的。所以，在信息化建设方面，家政企业要审慎对待、量力而行。

家政企业的信息化应更多侧重于企业内部的业务管理系统的建设，结合业务管理的流程，从学员的报名、健康体检、商业保险，到岗前培训、考核、证书管理，再到客户信息管理、家政服务员信息管理、合同管理、结算管理等，需要建立一套业务管理系统，这是保证家政企业高效运营的重要支撑。考虑到信息化系统开发的难度和成本问题，家政企业在信息化建设的起步阶段，应善于发现和利用一些免费的或低成本的信息化管理工具，提升企业管理水平和业务开拓能力，走上信息化管理的新台阶。

信息化管理是一把双刃剑，周密筹备、科学实施就会产生事半功倍的效果，盲目跟风可能使企业多走许多弯路或者遭遇经济损失，如果造成信息泄露等问题，还可能导致出现法律纠纷。所以，企业实施信息化管理，一定要重点关注管理过程中的关键问题，实现安全可靠、真实有效、提高效率的管理目的。

1. 信息数据的完整性

要实现信息化管理，前提是要有完整的数据记录。例如客户的信息和家政服务员的信息在登记时必须完整，包括姓名、电话、家庭住址、服务需求等，这些信息必须准确无误，且缺一不可。

2. 信息数据的有效性

要努力确保录入信息化系统的数据真实有效。数据信息最终将成为数据统计的基础元素，只有基础数据真实，形成的统计信息才有效，才能促进企业的管理。

3. 信息管理的安全性

家政企业涉及的客户及家政服务员信息都与家庭紧密相关，可能涉及个人隐私。家政企业一定要严格管控这些信息，不可利用这些信息谋取非法商业利益，出现违法行为。

4. 信息管理的规范性

要建立科学的信息管理制度，对信息化系统硬件设备进行登记与维护，对信息化系统软件及时进行迭代升级。

第五章
企业文化、品牌建设和企业家精神

家政企业的文化建设和品牌建设是家政企业最具战略性的管理思想与管理方法，也是直接影响企业核心竞争力、决定企业兴衰的关键因素。建设家政企业文化、培育家政企业品牌是家政企业经营管理者的重要职责之一。

第一节 企业文化的内涵与企业文化建设

任何类型的企业都有自己的企业文化。家政企业的文化受政治经济环境和社会文化的影响和制约，它以企业规章制度和物质现象为载体，体现家政服务业自身的特点。家政企业的企业文化要以企业自身的管理哲学和企业精神为核心，弘扬企业员工的爱心和奉献精神，增强企业员工归属感。

一、企业文化的内涵

企业文化代表着企业广大员工在物质和精神层面上的共同追求，是影响企业行为的最重要的无形资产。企业文化通常由精神文化、制度文化、行为文化和物质文化四个层次构成。

1. 精神文化

企业的精神文化对企业有着无形的影响力，是指导企业开展生产经营活动的各种行为规范、群体意识和价值观念，是以企业精神为核心的价值观体系。企业的精神文化是企业价值观的核心，是在长期的生产经营活动中逐步形成的，在企业家有意识地概括、提炼后确立的一种思想成果和精神力量。它既是企业优良传统的结晶，又是维系企业生存和促进企业发展的精神支柱。企业精神文化是企业经营管理者（团队）将管理哲学与企业传统、经历、文化相结合的具体成果，集中体现了一个企业独特、鲜明的经营思想和个性风格，反映的是一个企业的信念和追求，是一个企业最宝贵的经营优势和精神财富。

2. 制度文化

企业的制度文化是企业有形的保障支持体系，也是由企业的法律形态、组织形态和管理形态构成的外显文化，包含企业规章、经营制度、管理制度和经营观念等。

3. 行为文化

企业的行为文化是企业外在的行为体现，指企业员工在生产经营、学习娱乐中产生的活动文化。它可以动态体现企业经营作风、精神面貌、人际关系，也可以折射出企业精神、企业价值观。从人员结构上划分，企业行为又包括企业家的行为、企业模范人物的行为和企业员工的行为等。企业的经营决策方式和决策行为主要来自企业家，企业家是企业经营的主角。在具有优秀企业文化的企业中，最受人敬重的是那些集中体现了企业价值观的企业模范人物，这些模范人物使企业的价值观"人格化"，他们是企业员工学习的榜样，他们的行为常常被企业员工作为行为规范。企业员工是企业的主体，企业员工的群体行为决定了企业整体的精神风貌和企业文明的程度。

4. 物质文化

物质文化是企业文化的外部表现形式，优秀的企业文化是通过重视产品的开发、服务的质量、产品的信誉和企业生产环境、生活环境、文化设施等物质现象来体现的。企业的物质文化不仅体现在产品服务以及技术进步这些物质载体上，还体现在经营场所建设上，包括办公场所布置、生活设施和文化设施建设等方面。

二、企业文化建设

1. 文化建设的主要内容

企业文化是社会文化的重要组成部分，是企业及员工在长期的经营活动中形成和发展的集体意识。企业文化与传统文化同属于文化范畴，一方面，我国悠久的传统文化是现代企业的文化根源；另一方面，企业文化是传统文化融入现代化和发挥影响力的重要载体。

（1）回报社会的价值追求。企业是以追逐利润为目的的组织，但追逐利润不应成为企业的唯一目的，企业还要承担社会责任，这就要求企业在"义"和"利"的平衡与取舍中，坚持"义利并重""以义取利"，在追求企业经济效益的同时兼顾社会效益，积极承担对社会的责任，在经营过程中关注人的价值，争取对环境、消费者和社会做出贡献。家政服务是爱心工程，要努力培养家政服务员的奉献情怀和职业精神，使家政服务业成为有爱心、显爱心的新型服务行业。

（2）自强不息、奋发向上的奋斗精神。自强不息、奋发向上的奋斗精神是中国传统文化的重要组成部分。《易经》讲"天行健，君子以自强不息"，这句话体现了一种孜孜以求的进取精神，这种精神始终激励着中华民族。习近平总书记说："幸福都是奋斗出来的。"对一个现代家政企业来说，在经营发展中可能会遇到许多困难，但只要具有奋发向上的精神，通过正确的经营与管理，加上全体员工的积极努力，就能使企业面貌焕然一新，从困境走向坦途，从成功走向辉煌。

（3）以人为本的管理理念。以人为本是中华民族的重要思想之一。家政企业，只有把员工作为提高劳动生产率的最主要源泉，坚持以"人"为中心，从尊重员工人格和权益出发，倡导和培育"仁者爱人""推己及人"的企业文化，真正关爱员工的生活和发展，用"待遇留人、感情留人、事业留人"，激发员工干事创业的积极性和创造性，将企业和员工的发展绑在一起，同发展、共进退，激励员工为了企业的战略目标而奋斗。

（4）自我约束的诚信经营。诚信经营是保障一切经济活动正常开展的前提和基础，家政企业的服务对象是家庭和个人，更需要培育和建设诚实守信的企业文化。《国务院办公厅关于促进家政服务业提质扩容的意见》（国办发〔2019〕30号）明确提出，要健全家政服务领域信用体系，加大守信联合激励和失信联合惩戒力度。"人无信则不立，业无信则不兴"，企业要将社会对其诚信的要求内化为企业经济活动的内在要求和基本原则，做到以"诚"经商，以"信"服人。企业要严格约束自身经营活动，加强诚信奖惩制度建设，树立诚信文化。

（5）共同理想的力量凝聚。企业文化建立的基础是全体员工的共同理想和共同价值取向。不同员工之间存在着思想和认识差异，应求同存异，用企业发展的共同理想来凝聚和统一员工思想、协调企业与员工之间的关系，增强团队意识，形成利益共同体。同时，通过实行企业内部民主管理制度，让员工积极参与公司决策，将员工的思想和行动凝聚在一起。

（6）弘扬社会主义核心价值观。企业文化体系建设是一个自觉建设和不断创新的过程，要遵循文化建设的内在规律，弘扬社会主义核心价值观，整体谋划、系统设计、不断完善。要将社会主义核心价值观与现代企业制度建设、与规范员工行为、与加强企业管理相结合，塑造企业良好形象。还要自觉弘扬以爱国主义为核心的民族精神和以改革创新为核心的时代精神，培育具有个性特色的企业理念、价值理念、行为规范等，并通过企业的核心价值观来引导企业员工的行为，最终实现个人目标与企业目标的融合一致。

企业文化的形成需要较长时间的积淀，在企业文化建设中，既要借鉴博大精深的传统文化，又要与时俱进，充分吸收现代企业管理中的先进理念，根据企业自身特点逐渐培育，不照搬照抄或照猫画虎，才能建立良好的企业文化。

2. 文化建设的基本原则

根据企业文化的形成机制及国内外的成功经验，家政企业文化建设应抓好以下主要环节。

（1）科学地确定企业文化的内容。家政企业建设企业文化，需根据社会发展的趋势和文化的渐进性，结合国家战略和企业的发展目标。

家政企业需认清自己的特点，发挥自身的文化个性，讲好企业经典故事。同时，要博采众长，借鉴吸收其他民族和企业的优秀文化，结合本企业的发展战略去建设企业文化，培育企业精神。

（2）大力宣传，长期强化。企业文化建立之后，需要广泛宣传，在企业内外形成共识。发挥榜样的作用是宣传企业文化的一种重要而有效的方法。把那些最能体现企业文化价值观念的个人和集体树为典型，大张旗鼓地进行宣传和表彰，并根据客观形势的发展不断调整激励方法，这样有利于优秀企业文化的形成和发展。迪尔和肯尼迪在其合著的《公司文化》一书中，把英雄楷模人物作为企业文化五大构成要素之一，认为没有英雄人物的企业文化是不完备的文化，是难以传播和传递的文化。企业领导者和管理者也要注重对企业文化的总结塑造、宣传倡导，做好表率与示范，在每一项具体工作中都体现企业文化的内涵。

让企业文化在企业的每个角落里生根、开花、结果，是一个长期的过程。家政企业要形成稳定的企业文化模式，不仅要长期强化新文化观念，也要同旧文化观念做反复较量、长期斗争。

（3）不断创新，将企业文化融入企业的中心工作。企业文化的推行，只有结合企业的中心工作才有生命力。企业文化创新是为了使企业的发展与环境相匹配，去除与企业实际脱节的、僵化的文化理念和思想观念，实现向新型经营管理方式的转变。要在企业战略发展的大主题中寻找切入点，通过岗位对标推进"客户导向"理念，将抽象的文化理念通过具体的实践活动表现出来，将文化建设与企业中心工作相融合，才能促进企业核心价值理念和企业精神深入人心，不断提升员工对企业文化的认同感，不断增强企业文化的凝聚力和向心力。

（4）以制度建设为基础，确保企业文化的贯彻落实。规章制度是企业内部规范员工行为的准则，是将文化理念转化为实际行为的重要载体。用看得见的制度把看不见的企业文化理念形象化、具体化，把企业的使命、愿景、价值观、企业精神等落实到各个具体岗位进而细化为可描述、可操作、可考核的岗位规范，以长效管理推进企业文化建设，才能不断提升企业的文化执行力。

3. 文化建设的基本方法

对于家政企业来说，构建企业文化是彰显企业家精神，增强企业标识度的重要方式。家政企业可以利用德尔菲法，快速地凝练企业文化，并通过宣传和强化，建立别具个性的企业文化。

文化建设的基本方法可分为四步。

第一步：从家政企业内部找10位从企业创立到现在全程参与的老员工，让他们每个人讲3个故事。然后对这些故事进行初步的加工，形成完整的故事。

第二步：找到10名入职一年以内的员工，把上一步整理好的故事讲给他们听。让他们把进入企业后感受最深的、印象最深刻的和感觉到在实际生活中得到充分体现的文化理念提炼出来。

第三步：找到10名管理经验丰富、理论功底深厚的内部专家，让他们对前两步所记录的内容进行研究和加工，从中提炼出来使用频率最高的代表企业精神的核心词汇，这些词汇就组成了企业精神和企业理念。

第四步：再找来第一步的10位老员工，挖掘代表企业精神和企业理念的企业故事，并在尊重历史的前提下，进行文学创作，改编成企业故事。

每个故事都记录着一段岁月，包含着特定的企业文化内涵，对企业文化的传播和深植起着重要作用。威廉·大内在《Z理论》中说："在某个特定的故事中体现出来的价值观比抽象的教条更真实可信，更容易被人铭刻在心。这些故事构成了'集体的记忆'，可能取材于真实或部分真实的事件，它们成为组织文化的重要组成部分。"

企业文化的精神和理念以及企业故事提炼出来后，还需要从管理制度、物质形式等方面完成企业文化的不同展示形式的建设，同时通过培训、晨会、总结会和梳理典型人物等方式，强化员工对企业文化的遵循度和认可度。

【典型案例】

阳光大姐：要做一个有"根"的企业

济南阳光大姐服务有限责任公司经历了20年的发展，从经营面积只有12平方米的小型家政服务机构,发展到今天的全国家政行业翘楚,成为拥有 280 余家连锁机构的大品牌。7 万多名家政服务员中,约 1.5 万人具备高级工资质,60 余人被评为享受政府津贴的省市首席技师、突出贡献技师和杰出技术能手。"阳光大姐"商标两次被认定为中国驰名商标,甚至成为中国家政服务业的代名词。

企业文化建设让"阳光大姐"品牌形象深入人心,让员工感受到"家"一样的温暖。正如阳光大姐集团董事长卓长立所说:"阳光大姐,是一家有根的企业。就像一棵树,把根深深地扎进土壤里,造就了今天这棵大树的枝繁叶茂和勃勃生机。"

1. 阳光大姐企业文化的"基因"是"温暖"

阳光大姐是由济南市妇联于 2001 年 10 月创办的,是为下岗失业人员、农民工、大中专毕业生等群体提供教育培训、就业安置,为家庭提供家政服务的家政服务机构。"让党的阳光照亮妇女的就业创业之路,把党的温暖送进千家万户"是阳光大姐企业文化的根本,也是阳光大姐这个名字的寓意。

阳光大姐的服务宗旨是"安置一个人,温暖两个家",服务理念是"责任+爱心"。有了企业文化的指引,阳光大姐为千千万万失业或生活困难的妇女提供了就业、再就业的机会,让被安置的人得到了温暖,让被服务的家庭也得到了温暖。

来自沂蒙山区的秦翠慧只有小学文化,左手残疾。刚开始安排工作时,她总是遭到客户的拒绝。面对这个情况,卓长立亲自在客户面前为她打包票,说如果干得不好,不但可以免费调换服务员,而且一分钱不收。不怕吃苦、勤奋肯干的秦翠慧,渐渐领会到了阳光大姐企业文化的内涵并融入工作中,她凭借努力和优质服务在公司出了名,很多客户点名要找秦翠慧。几年下来,她在济南买上了房,在省技能大赛中夺冠,还光荣地入了党,当上了省劳模。

在阳光大姐,像秦翠慧这样下岗、失业、生活困难的女工还有很多,她们通过阳光大姐走上了就业创业之路,生活重新被阳光照亮。带着这抹阳光,她们走进了千家万户,用她们真诚的服务温暖着他人。

2. 阳光大姐赢得客户满意的秘诀是"标准"

家政市场发展之初,由于缺乏行业规则,消费纠纷不断,陷入了恶性循环。阳光大姐在全国家政服务业率先实行服务标准化。2005 年阳光大姐在家政服务业率先通过了 ISO 9000:2000 质量管理体系认证,2007 年入选首批省级和国家级服务业标准化试点单位,2011 年入选首批国家级服务业标准化示范单位,2012 年承担全国家政服务标准化技术委员会秘书处工作,2014 年入选首批国家级服务业标准化示范项目。到目前,阳光大姐制定了各类企业标准 1 520 项,并起草制定了 9 项山东省地方标准和 5 项国家标准。连"切土豆丝"都有了标准,也正是因为有了标准这个"度量尺",客户清楚了各项服务的职责范围,家政服务员也不用为超范围服务得不到客户理解而烦恼,投诉量明显减少，服务满意度由最初的70%上升到98%以上，阳光大姐牢牢掌握了行业话语权。

3. "信任+感恩"是阳光大姐一路前行的文化源动力

党和政府的信任、妇联的信任、客户的信任和家政服务员的信任，让阳光大姐有了不断努力的动力。凭着这份信任，卓长立带领团队在面对困难时从不抱怨、从不放弃。是信任成就了阳光大姐，让阳光大姐成为中国家政服务业真正的"大姐"。

除了信任，还有感恩。卓长立带领的团队常怀感恩之心，用爱对待每一名员工、每一名家政服务员、每一位客户，努力提供贴心周到的服务，积极为员工和家政服务员创造发展和成才的机会，实现了企业与员工的共同成长。

4. 以"雷锋精神"推动家政企业高质量发展

"雷锋伴我行，阳光进万家"，2019年阳光大姐把雷锋作为家政人学习的榜样，家政服务员们带着雷锋像章走进千家万户，《学习雷锋好榜样》的歌声每天都在阳光大姐唱响，《雷锋日记》被广为传诵。公司经常开展形式多样的学雷锋活动，去传播雷锋精神。目前，阳光大姐的两处雷锋纪念馆已经成为每期学员和考察参观人员必到的场所，同时也是家政服务员的思想教育基地和广大市民的红色教育阵地。

学雷锋、做雷锋，成了阳光大姐的每位员工每天要做的事情。日久天长，当学雷锋的自觉行为成为习惯，雷锋精神也就自然内化成阳光大姐每一位员工推崇和践行的时代精神和职业准则。

第二节　企业的品牌建设

一、品牌的定义

品牌是指消费者对产品及产品系列的认知程度，是具有经济价值的无形资产。品牌是凝聚企业所有要素的载体，是消费者在各种相关信息的综合影响下，对某种事物形成的概念与印象。它包含商品质量、附加值、历史及消费者的判断，品牌建设的本质是打造市场竞争力。

家政企业要更好地发展，不仅要从服务品质、价格、成本等方面提高企业竞争力，还要建立品牌意识。家政企业需要通过服务产品的推广与销售，让品牌深入人心，从而达到引导需求、促进消费的目的。

二、以"体验"为核心的服务品牌建设理论

有关品牌建设的理论很多,本节主要介绍与家政企业关系最为密切的以"体验"为核心的服务品牌建设理论。

美国著名服务营销学家 Berry 于 2000 年开创性地提出了服务体验在品牌资产形成过程中起决定性作用的服务品牌建设模型,如图 5-1 所示。影响品牌知名度的是品牌主张和外界品牌传播,但决定品牌内涵的主要是客户体验。换句话说,客户对服务的体验在服务品牌建设过程中起着关键作用。

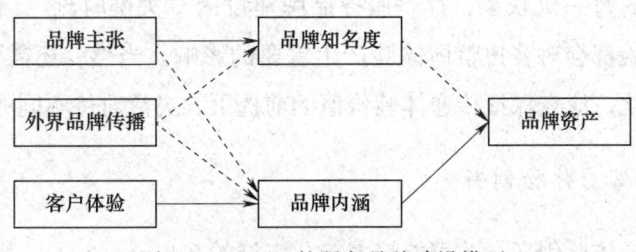

图 5-1 Berry 的服务品牌建设模型

家政企业可以通过树立所提供服务的品牌独特性,为客户提供独特、持续、一致的服务体验,这样客户才会承认这些品牌,并赋予其特殊内涵,从情感上加强对品牌的认可度。

可见,客户体验对于服务品牌的认可是非常重要的,这就需要家政企业从以下五个方面加强对客户体验的管理。

1. 分析客户体验

客户体验管理是以深刻理解客户的内心世界为基础的。如果不能洞察客户需求的差异以及其内心深处的想法,便无法知道什么样的体验能够让客户愉悦。企业可以在提供服务的真实环境中观察客户,或者通过一些调研方法,深入地了解目标客户的内心世界。同时,还应该了解分析竞争对手能为客户提供的体验,并在此基础上,准确把握客户的体验价值及其独特性,找到改进服务的方向和建立服务品牌的中心品质。

2. 建立客户体验平台

客户体验平台包括三个战略要素:体验定位、体验价值承诺和全面实施主题。体验定位指企业努力发现消费者偏好,以有洞察力和有用的多感官体验,树立有鲜明特色的品牌形象。体验定位强调企业需要提供切实的、吸引人的、有独特新意的服务,

使客户获得独特和美妙的价值体验,以便深层次地触动客户的心灵,满足客户高层次的精神需求。

3. 设计静态品牌体验

静态品牌体验包括品牌标志、售后服务环境、宣传资料、广告、网站等。所有的静态品牌体验都应该围绕实施主题,有效地向客户传递服务品牌的体验定位和体验价值承诺。

4. 建立与客户的联系

客户与员工的每一次联系,都是服务品牌建设的"关键时刻",任何一个客户与员工联系时的体验都会对客户整体体验产生重要的影响。当然,还需要注意客户体验的差异化和个性化,应在保证传递体验价值的前提下,灵活对待不同的客户。

5. 不断进行客户体验创新

不断进行客户体验创新,才可能培养持久忠诚的客户。

三、品牌定位方法和品牌建设策略

1. 品牌定位方法

品牌定位,就是为品牌在市场上树立一个明确的、有别于竞争对手的、符合消费者需求的品牌形象,其目的是让品牌在潜在消费者心中占领一个有利的位置。品牌定位是连接品牌核心价值和传播工具的纽带。美国管理科学联合市场营销学会主席、享有"现代营销学之父"美誉的菲利普·科特勒认为,品牌定位需以目标群体偏好为依据来选择切入点,以差异化为核心,取得消费者的信任,以占据消费者的记忆。

品牌定位需要经历市场细分、选择目标市场和市场定位三个过程。其中,市场细分是品牌定位的根本前提;选择目标市场是品牌定位的出发点;市场定位是品牌定位的实质性阶段,是在品牌与生俱来的性质中找出一个对目标消费群具有强大吸引力的、与众不同的主张。

著名专业研究机构零点研究咨询集团提出的"四步创新定位法"对家政企业的品牌定位具有很好的参考价值,其主要步骤如下。

(1)确定目标群体。

(2)确定目标群体的目标生活状态。

(3) 确定核心价值。

(4) 确定最具代表性的符号体系。

2. 品牌建设策略

品牌建设是一个长期的、系统的工程，需要群策群力、共同努力。家政企业在进行品牌建设时应遵循以下策略。

(1) 准确描述品牌主题，以适当方式营销适合的产品或服务。

(2) 品牌定位要凸显自身的差异点，也要强调共同点。

(3) 发掘客户尚未被满足的渴望或需求，提供超值的服务和产品。

(4) 持续创新，让品牌和客户始终保持关联性。

四、品牌价值与影响力的构成要素

品牌价值与影响力，也可称作"品牌资产"，是品牌管理中最重要的术语之一。品牌资产是一个以消费者为中心的概念，它存在于消费者的心目中，根植于品牌和消费者的关系。品牌资产由品牌知名度、品牌联想度、品牌美誉度、品牌忠诚度四个要素构成。

1. 品牌知名度

品牌知名度也称品牌知晓度，是指品牌的目标消费者的人数及品牌知晓水平。知晓品牌的人越多，品牌的知名度就越高。提升品牌知名度，需要从消费者的主导需求出发，恰当定位，确定产品的核心概念，合理地、恰到好处地表达品牌定位，并通过艺术手法和强化手段加深消费者对品牌信息的记忆，提高他们对品牌的知晓水平，达到提高品牌知名度的目的。

2. 品牌联想度

品牌联想度是指对某品牌能够产生联想的人数及其联想水平。提高品牌联想度，关键是在消费者心目中塑造良好的品牌形象，即在突出品牌客观特点的同时，塑造品牌的个性化特征，使品牌的文化价值、象征意义、情感效应在消费者头脑中形成生动的图式。

3. 品牌美誉度

品牌美誉度是指目标消费者对品牌的赞美和提倡程度。提高品牌美誉度，一是要提供超出顾客心理预期的服务，实现客户的满意，赢得客户对服务产品的赞誉；二是要培养品牌的热衷者，通过他们的口头传播来带动其他消费者购买。

4. 品牌忠诚度

品牌忠诚度是指消费者对品牌偏爱的程度，反映了消费者对品牌的信任和依赖程度。品牌忠诚是一种行为过程，同时也是一种心理评估和决策过程。品牌忠诚度的形成靠的是消费者愉悦的服务产品使用经历。提高品牌忠诚度，对一个企业的生存、发展和扩大市场份额极其重要。

五、家政服务品牌建设

《国务院办公厅关于促进家政服务业提质扩容的意见》（国办发〔2019〕30号）明确提出，要培育家政服务品牌和龙头企业。国家发展改革委、商务部等十五部门印发的《深化促进家政服务业提质扩容"领跑者"行动三年实施方案（2021—2023年）》也提出，要打造知名家政品牌。家政企业只有认识到品牌的重要性，才会形成良好的品牌建设和品牌保护的生态环境。

1. 家政服务品牌建设的基本原则

（1）以文化建设推进品牌建设。企业之间的竞争，表面上看比的是方法和方式、技术和人才、产品和服务，但归根结底比的是文化，文化竞争的优势最终都体现在企业品牌上。家政企业的品牌能否被消费者和社会广为接受，文化是其中的主要因素。企业文化、消费者文化、地域文化等，都会对家政企业的品牌建设产生深远的影响。蕴含在家政企业服务中的"文化内涵"，可有效弥补企业和消费者需求之间的鸿沟。家政企业的品牌建设一定要与企业文化建设高度契合，互相呼应，形成促进企业发展的合力。

（2）以发展定位确定品牌定位。品牌与企业的发展定位密切相关，如定位于某一区域（领域）发展的家政企业品牌的确立，就要符合区域（领域）的需求特点，要与区域（领域）文化、经济发展水平、消费者习惯等充分匹配，从而保证品牌在家政服务业市场中定向有效传播。可以说，有什么样的定位，就会有什么样的品牌。

（3）以自身特色丰富品牌内涵。目前，全国各类家政企业数量众多，提供的服务也日益多元化，在企业经营的过程中，许多企业都提出和培育了自己的服务品牌，并以自身特色丰富了品牌内涵，品牌化服务越来越被消费者认可。

（4）以服务赢得社会对品牌的认可。家政服务业在本质上是一个福祉行业、德政行业、良心行业、爱心行业，发展家政企业只有坚持社会效益第一、经济效益第二，把大爱作为家政服务业的安身立命之本，不断推陈出新，强化服务优势，才能培育出具有特色的优秀企业品牌。

2. 家政服务品牌建设的基本方法

虽然与服务产品品牌化相关的理论研究正在经历从无到有、由量变到质变的发展过程，但关于家政服务品牌化的研究却不多。家政企业想要将品牌建设做成功，务必要清楚其目标消费群体的服务选择偏好、消费行为的时间分布特征、消费者对各种各样促销手段的喜好水平以及对企业提供的服务的购买心态，进而塑造与众不同的企业品牌形象。

（1）根据精确的服务产品定位确立核心服务理念。家政企业首先要对自身的品牌服务进行精准的分析，熟悉目标消费群体及其消费方式，掌握目标消费群体对自身服务市场的需求状况及竞争对手的市场销售状况，以便对服务品牌进行精准定位。

（2）设计凸显核心服务理念的企业品牌标识与品牌形象。家政企业要根据自身的核心服务理念，确立自身服务产品的风格，并根据品牌的精准定位设计品牌名称与标志。品牌名称和标志是一个品牌最直观的外在体现，企业一定要确保品牌名称和标志能快速吸引大家的目光，而且适合品牌未来发展的需求。

品牌形象的设计包括产品形象、环境形象、业绩形象、社会形象、员工形象等方面的内容。

（3）制订详尽、适当的营销方案配合产品宣传。对于初创品牌而言，早期的品牌推广十分关键。使用有创意的广告片、广告词是让品牌快速占有市场的重要手段。广告的投放方法要充分考虑品牌目标消费群体的方便性和接受度，可以考虑路边的广告牌、社区的宣传栏、互联网媒体、地铁站安全通道宣传海报等。家政服务产品的营销方案必须具有可操作性，不仅要围绕消费者的痒点、痛点吸引消费者的注意力，还要给予消费者选择和监控的权力，使之通过服务获得情感、心理上的满足和认同感，达到最终的营销目的。

（4）时刻关注客户体验，为品牌未来发展打下扎实基础。品牌有了一定的知名度后，一定要融合产品的客户体验，因为产品品质和客户体验很差的话，积累起来的品牌形象便会迅速衰落。关注客户体验，不断提升品牌的竞争能力，创建知名品牌是一个企业长期发展的必然选择。没有知名品牌的信誉、推广力与影响力，再好的商品信息也无法传递给客户。客户体验越好，品牌的信誉度越好，服务产品对潜在客户的吸引力就越大，越有利于将流动性客户塑造成忠诚客户。

第三节　弘扬当代企业家精神

一个企业要实现稳定成长和可持续发展，离不开必要的公司制度、稳定的市场占有率和适当的战略发展规划，企业家精神也是一个极其重要的因素，是促进企业持续发展的核心动力。

一、企业家精神的内涵

20世纪后期，经济社会呈现出"永无止境的变化"，纯粹的竞争不再继续发挥原有的作用。面对这些新情况，"社会企业家"与"社会企业家精神"的概念作为一种解决方式被提出，从此竞争与合作、追求利润与促进社会发展、市场理性与社会价值追求等对立的概念开始融合在一起，实现了对经营管理理念的一种创新。

有研究统计梳理了中国学术界对"企业家精神"的界定（见表5-1），从研究可以发现企业家精神内涵主要有两大类内容：一是强调社会责任感与积极性的社会结果；二是关注创造力与创新性。

表5-1　中国企业家精神内涵的文献分析

类别	具体内容	频数
创新	创新70、改革1	71
积极进取	进取18、拼搏10、竞争14、争先5	47
敬业奉献	敬业7、奉献6、务实5、责任4、刻苦4、勤劳3、好学2、守时1	32
冒险	冒险24	24
中国特色精神	爱国3、民主2、遵纪守法2、自信2、集体主义1、依靠群众1、自制1	12
合作	合作6	6

上述分析还表明，在企业家的各种精神内涵中，最为显著的特征是创新和积极进取，而人们关注最多的是创新精神，这充分表明创新对于企业的重要意义。在描述企业家精神的词语中，还出现了集体主义、依靠群众、遵纪守法等内容，体现了中国特色文化对企业家精神的独特影响。南京大学赵卢雷先生结合我国国情，具体地描述了中国企业家精神表现在经营管理活动中的五个方面：崇尚艰苦奋斗的进取精神、恪守道德伦理的诚信精神、追求卓越品质的工匠精神、保持与时俱进的创新精神、坚持积极回报社会的奉献精神。这种高度概括基本上反映了当代中国社会和市场经济生态对

当代中国企业家精神的期盼和定位。

二、弘扬当代企业家精神

2020年7月21日，习近平总书记在企业家座谈会上充分肯定了广大企业家在促进经济社会发展中的重要作用和贡献，并就弘扬企业家精神提出了五点希望。

1. 增强爱国情怀

优秀企业家必须对国家和民族怀有崇高的使命感和强烈的责任感，把企业发展同国家繁荣、民族兴盛、人民幸福紧密结合在一起，主动为国担当、为国分忧。企业家爱国有多种实现形式，但首先是办好一流企业，带领企业奋力拼搏、力争一流，实现质量更好、效益更高、竞争力更强、影响力更大的发展。

2. 勇于创新

创新是引领发展的第一动力，而创新活动则是推动企业创新发展的关键。企业家要做创新发展的探索者、组织者、引领者，勇于推动组织创新、技术创新、市场创新，重视技术研发和人力资本投入，有效调动员工创造力，努力把企业打造成为强大的创新主体。

3. 诚信守法

人无信不立，企业和企业家更是如此。社会主义市场经济是信用经济、法治经济。企业家要同方方面面打交道，调动人、财、物等各种资源，没有诚信就寸步难行。法治意识、契约精神、守约观念是现代经济活动的重要意识规范，也是信用经济、法治经济的根本要求。企业家要做诚信守法的表率，以此带动全社会道德素质和文明程度的提升。

4. 承担社会责任

企业作为经济社会生活中的一个基本单位和依法独立享有民事权利和承担民事义务的法人，承担着经济责任、法律责任、社会责任和道德责任。任何企业存在于社会之中，都是社会的企业。社会是企业家施展才华的舞台。只有真诚回报社会、切实履行社会责任的企业家，才能得到社会的认可，才是符合时代要求的企业家。关爱员工是企业家履行社会责任的一个重要方面，要努力稳定就业岗位，关心员工健康，同员工携手渡过难关。

5. 拓展国际视野

有多大的视野，就有多大的胸怀。企业家要立足中国、放眼世界，提高把握国际市场动向和需求特点的能力，提高把握国际规则的能力，提高开拓国际市场的能力，提高防范国际市场风险的能力，带动企业在更高水平的对外开放中实现更好发展，促进国内国际经济双循环。

三、影响企业家精神形成的因素

1. 企业家的世界观、人生观和价值观是影响企业家精神形成的首要因素。
2. 企业家追求卓越的目标是影响企业家精神形成的重要因素。
3. 企业家敏锐的眼光和敏捷的思维是影响企业家精神形成的关键因素。
4. 企业家的综合素质和能力是影响企业家精神形成的必备条件。

第六章

家政服务业的发展趋势

2019年10月30日,国家发展和改革委员会公布《产业结构调整指导目录(2019年本)》,在"鼓励类"中新增了"养老与托育服务""家政"两个产业,这预示着家政产业得到了国家的充分重视,获得了加速发展的时代机遇。互联网经济强势进入家政服务行业,加速了行业的转型升级。

从国家政策和家政服务业发展状况来看,未来家政服务业的发展前景十分广阔,同时面向未来的家政服务业也出现了引人注目的发展新趋势。

第一节 产业生态变化引发转型升级下的发展机遇

当家政服务业成为改善民生、促进社会经济转型的重要产业之一时,也意味着家政服务业本身要同步实现转型升级。当前和将来相当长一段时间内,社会对家政服务的需求将处于持续增长阶段。正是这种需求催生了健康养老、托育服务等新兴行业,尽管与新兴行业配套的管理、人才、运营、服务、产品开发还不完善,但随着科技的进步,人民生活水平的提高,家政服务业在发展和完善现有产业的同时,将借助和依托"互联网+"、物联网、区块链和大数据等技术优势,持续实现转型升级,不断开发新产品、形成新业态,更好地为家庭提供多样化、个性化的服务。

一、"一老一小"服务需求增加成为家政服务业发展新动力

2020年,《中共中央关于制定国民经济和社会发展第十四个五年规划和二〇三五年远景目标的建议》提出实施积极应对人口老龄化国家战略,要求"健全基本养老服务体系,发展普惠型养老服务和互助性养老,支持家庭承担养老功能,培育养老新业态,构建居家社区机构相协调、医养康养相结合的养老服务体系,健全养老服务综合

监管制度"。2021年10月，国家发改委和国家卫健委在济南召开"全国人口发展战略和托育体系建设现场经验交流会"，重申托育体系建设对人口发展的重要意义。

中央政府针对国家人口发展态势的特点所进行的国家经济行业结构调整，出台相关政策鼓励发展"养老和托育服务""家政"行业，这对家政服务业而言是一个难得的发展机遇，家政服务业应采取相应对策，在重大的行业转型升级之际，有所侧重、有所创新地做好"家政+养老""家政+托育""家政进社区"各项服务的融合发展，这将成为家政服务行业新的增长点。

二、数字化改革为家政服务业注入新动能

近年来，生活服务业加速推进数字化转型，为人们的日常生活带来了新体验，也为经济发展注入了新动能。《中国生活服务业数字化发展报告（2020年）》显示，2019年我国服务业数字经济占行业增加值比重已达38%。人工智能、大数据、云计算、5G等新一代信息技术的推广，为家政服务消费模式和业态创新创造了条件。

第二节　信息化和数字化发展趋势带来的影响

行业的信息化和数字化转型升级离不开互联网技术，互联网技术与传统行业的融合也就是人们通常所说的"互联网+"。

"互联网+"就是"互联网+各个传统行业"，这个短语的意思并不是简单地把传统行业拉上互联网，而是利用信息通信技术以及互联网平台，让互联网与工业、商业、金融服务等传统行业进行深度融合，创造出新的发展业态。"互联网+"的关键是创新，只有创新才能赋予"+"这个符号真正的价值和意义。

"互联网+"被认为是创新2.0下的互联网发展新形态。随着我国家政服务市场的高速增长和互联网技术的快速发展，越来越多的"O2O（Online To Offline）型"家政企业涌现出来。大数据等新技术在衣、食、住、行等多个领域的广泛应用，将加速推进家政企业运营管理的信息化和数字化转型，促进精准匹配、提高匹配效率和速度，使行业发展趋向规模化、标准化、专业化。

一、家政服务信息化运营发展现状

由于信息技术的发展，人们对家政服务品质的要求不断提高，需求更加多样化和

个性化，对家政企业提出更高的要求。许多企业通过自建、合作或对外采购等方式加强信息化技术的投入，尤其是一些龙头家政企业，已初步建成符合企业需要的信息化平台。

目前家政服务信息化平台一般包括业务管理、内部管理、增值服务三大部分。家政服务信息化平台主要功能如图6-1所示。

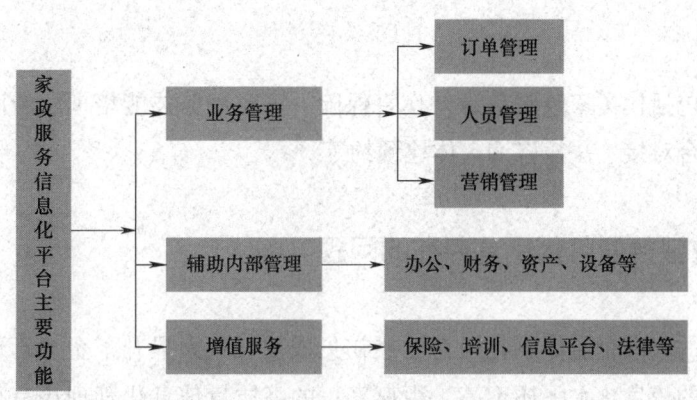

图6-1　家政服务信息化平台主要功能

1. 业务管理

业务管理是家政企业信息化管理的核心，包括三个方面的内容。

（1）订单管理。企业可以依托信息化平台进行订单管理。管理者通过信息化平台可以方便地查看企业的订单状况，将订单量、合同、金额、服务等信息数据化，便于精准掌握公司运营情况，以做出科学、正确的决策。

（2）人员管理。人员管理包括对家政服务员、客户和员工信息的管理。家政服务信息化平台在人员管理方面的主要功能如下。

1）可以查看家政服务员的基本信息、工作经历、客户评价等。可以与公安部门联网，对家政服务员进行身份验证；可以与最高人民法院联网，对家政服务员进行背景调查，如查询家政服务员是否有违法犯罪记录等信息。

2）可以随时查看客户信息。

3）可以添加、编辑员工信息。可以对员工数据权限进行管理，并办理员工入职、离职等手续。

（3）营销管理。在营销管理方面，家政服务信息化平台可以方便企业制定特定的营销活动，将家政服务员的信息生成海报或者自媒体推文，在线上推介企业产品和服务，开展引流活动，与订单系统关联，促成线上下单。

2. 内部管理

内部管理包括企业的办公、财务、资产、设备等系统的信息化管理。家政服务信息化平台可帮助家政企业轻松做好内部管理，如提高企业的管理效率、改善服务流程和提升企业业绩等。

3. 增值服务

增值服务包括代买家政服务意外伤害保险、家政服务技能培训、与商务部家政服务信用信息平台对接、法律咨询、体检预约等。

二、家政服务信息化运营存在的问题

尽管领先的家政企业信息化运营已经初见成效，大大提升了企业管理效率，但大多数家政企业的信息化水平还不高，距离真正的高质量信息化管理还有很大差距，在管理过程中暴露出许多问题。

第一，家政企业信息化建设普遍缺乏顶层设计。大多数家政企业的信息化建设尚未上升到企业战略层面，信息化建设的观念还停留在部署常见的信息系统上，普遍缺乏自上而下、系统推进的思路和清晰明确的实施路线。

第二，家政企业信息化建设"烟囱"林立，各个系统之间存在不能互联互通、协同应用等问题，导致信息流与业务流脱节，数据采集出现重复或缺失，大大影响了信息使用和业务管理的效率，降低了数据的应用价值。

第三，家政企业对于信息化建设普遍缺乏足够的资金和人才投入。家政企业作为传统服务行业，整体利润率较低，缺乏足够的资金投入信息化建设。家政企业内部对信息化人才的投入和培养不足，普遍缺乏信息化专职人才，这成为制约家政企业信息化发展的瓶颈。

三、家政服务数字化转型的建议

在实现数字化转型的道路上，家政企业要力求更多元地为家政服务从业人员赋能，从而提升服务品质，改善客户服务体验。通过全链路数字化、全流程再造、供给侧改革，提升家政企业供应端劳动者的价值和能力，优化终端消费者的服务体验，以"互联网+"思维搭建家政服务数字化平台，切实帮助家政服务业完成重塑。针对当前数字化改革背景下家政企业数字化转型的发展趋势，提出以下几点建议。

1. 明确数字化转型战略，制订数字化转型规划

家政企业数字化转型不是一蹴而就的事情，而是一个长期的、艰巨的系统工程，所以家政企业必须从战略层面高度关注和重视数字化，正视自身面临的竞争环境和转型压力，科学评估企业自身数字化建设的能力和条件，找准自身定位和目标，加强家政企业数字化统筹协调和战略规划，做好顶层架构和路线图设计，分阶段分步骤实施，自上而下地、系统地推动家政企业的数字化转型。对家政供给侧进行战略调整，以互联网思维将家政服务在线化，全力构建家政服务数字化平台，将传统家政服务带入移动互联网智能时代。

2. 打通企业信息孤岛，构建开放的数字化平台

目前传统的家政企业普遍存在规模较小、管理方式陈旧、运营效率低等问题，企业单独开发数字化平台既不现实也无必要。家政企业可以选择第三方技术研发平台，针对企业自身的情况，进行整体的设计和规划，提出个性化的开发定制需求，实现整体的技术结构搭建和业务流程匹配，并形成数字化标准，构建协同、开放、共享的数字化平台，打通所有信息孤岛，重塑数据价值，满足家政企业一站式的服务需求。与此同时，还需做到精准对接商务部的家政服务信用信息平台、代买保险、身份查询等增值平台。

3. 转变企业的决策模式，促进组织管理敏捷化

家政企业应加强物联网、大数据、人工智能等先进技术在企业经营服务过程中的应用，推进创新技术与业务管理的有效融合，打通业务瓶颈和管理壁垒。家政企业应重视对数据资产的采集、分类、梳理、存储和应用，提升数据资产价值和数据分析应用能力，为企业战略、生产、产品、市场等提供支撑。家政企业应推动企业决策模式从传统的以文本和经验为中心的模式，向基于客观数据和模型的数字化决策模式的转变，从而做出快速、准确、数据驱动的决策。同时应着力打造更加扁平、轻盈、敏捷的组织形式，提高企业经营管理效率。

4. 推动多维度跨界合作，打造良好的产业生态

在数字化转型的过程中，家政企业应积极与科研院所、互联网企业及其他行业的企业开展多维度的跨界合作，通过战略合作等多种方式形成紧密的合作关系，发挥各自的优势，推进数字化平台在产业链全过程的应用与资源衔接，加强资源整合和优化配置，不断推进基于平台的商业模式和服务模式的创新，打造良好的产业生态，实现家政企业的发展共赢。在供需两端发力，供需双方通过在线平台即可完成家政服务交

易的线上、线下闭环运营。

5. 持续加大数字化转型的投入，培养专业的人才队伍

家政企业在数字化转型的过程中，要基于企业的数字化转型战略，制订长期的资金投入和人才培养计划。家政企业要重点引进和培养了解数字化管理和运营的新流程、新模式、新要求、新价值，并具备数字化管理和运营的新思维、新理念的综合型创新型人才，让他们能够参与企业数字化价值理念的传播、各项业务的数字化改造和优化的进程，去推动企业的理念变革、模式变革和流程重构，突破数字化转型的瓶颈，促进家政企业不断创新和持续健康发展。

第三节 家政培训与职业教育的融合

一、职业教育改革为家政服务业解决新型人才短缺问题

党的十八大以来，职业教育被摆在了前所未有的突出位置，党和国家做出了一系列重大决策部署，推动职业教育改革发展的力度超过以往，职业教育进入了新的发展阶段。《教育部办公厅等七部门关于教育支持社会服务产业发展 提高紧缺人才培养培训质量的意见》（教职成厅〔2019〕3号），提出"每个省份要有若干所职业院校开设家政服务、养老服务类专业""原则上每个省至少有1个本科高校开设家政服务、养老服务、托育服务相关专业"。各地院校开始积极探索家政相关专业办学的有效路径，家政学及家政相关专业办学点数量逐年增加、教学规模不断扩大、学历层次有序提升。《教育部办公厅 国家发展改革委办公厅 财政部办公厅关于推进1+X证书制度试点工作的指导意见》（教职成厅函〔2019〕19号）发布后，母婴护理、养老照护、失智老人照护、家务管理、家庭保健按摩以及幼儿照护等多个家政服务领域的X职业技能等级证书标准陆续发布，推动了岗位能力标准和人才培养标准的对接，提高了学生在家政服务岗位的就业能力。人力资源社会保障部根据家政服务行业发展需求，针对"一老一小"服务的社会需求，先后发布了健康照护师、整理收纳师等新职业，并出台或完善了养老护理员等职业标准，为专业人才培养提供了行业标准。

二、家政职业教育体系深化改革，从"产教融合"转向"产教合一"

随着市场需求多元化和科学技术日新月异的发展，以及家政服务社会化体系的整

合与创新，当前家政职业教育所面临的认知、政策、招生与技能等问题都将会逐一得到解决。

第一，高校教育走向"深度科研"，专注于探索人机共生时代人对机器的控制、开发和应用，教育科研成果面向行业和社会免费或付费共享。

第二，目前家政企业与大中专院校开展的"产教融合"教育培训模式，将在合作方式、人员使用、资源整合等方面深化发展，逐步走向"产教合一"，由家政企业自己设置的职业教育中心，或由政府设立的"职业教育中心"，可为家政企业从业人员提供持续学习和接受职场再教育的机会。家政服务职业技能教育和培训在新科技的加持下，将会变得越来越快速、标准和简单。